Superventas

Primera edición: febrero de 2025
Título original: *Oversubscribed: How to Get People Lining Up to Do Business with You*

© Daniel Priestley, 2020
© de la traducción, Claudia Casanova, 2025
© de esta edición, Futurbox Project, S. L., 2025
Todos los derechos reservados, incluido el derecho de reproducción parcial o total de la obra en cualquier forma.
Esta traducción se publica bajo licencia del editor original, John Wiley & Sons, Inc.

Diseño de cubierta: Taller de los Libros
Ilustración de cubierta: iStock
Corrección: María Ubierna, Isabel Mestre, Isabel Panadero

Publicado por Kitsune Books
C/ Roger de Flor n.º 49, escalera B, entresuelo, oficina 10
08013, Barcelona
info@kitsunebooks.org
www.kitsunebooks.org

ISBN: 978-84-10164-24-6
THEMA: KJS
Depósito Legal: B 1751-2025
Preimpresión: Taller de los Libros
Impresión y encuadernación: Liberdúplex
Impreso en España – *Printed in Spain*

EMPRENDEDOR Y AUTOR *BEST SELLER*

DANIEL PRIESTLEY

SUPER
VENTAS

Cómo hacer que la gente haga cola
para comprar tu producto

TRADUCCIÓN DE
CLAUDIA CASANOVA

Kitsune
Books

Para mi maravillosa y comprensiva esposa, Aléna.
Y para nuestros encantadores hijos,
Alexander, Ethan e Isla.

Índice

INTRODUCCIÓN

Hay restaurantes para los que la gente hace cola. Hay productos que hay que encargar con meses de antelación. Hay entradas que se agotan el mismo día en que salen a la venta. Hay acciones que suben como la espuma nada más salir a bolsa. Hay coches que se compran antes de fabricarse y propiedades que se venden sobre plano cuando no son más que un conjunto de hojas de papel. Hay asesores que reservan sus citas con seis meses de antelación y peluqueros que cobran diez veces más que los otros. Hay muebles que no pueden comprarse, solo encargarse por adelantado, y botellas de vino que se compran cuando sus uvas aún cuelgan de la vid.

Hay personas que no persiguen a los clientes. Los clientes los persiguen a ellos.

En un mundo de infinitas opciones, ¿por qué ocurre esto? ¿Por qué la gente hace cola, paga más y reserva con tanta antelación cuando hay otras opciones disponibles? ¿Por qué hay tanta demanda de estas personas y productos?

Este libro explica por qué, y se debe a un fenómeno conocido como «ser un superventas», o lograr un exceso de demanda.

Un producto o una marca alcanza un nivel de superventas cuando hay muchos más compradores que vendedores, cuando la demanda supera de forma masiva a la oferta, cuando existen muchas más personas interesadas que productos disponibles. Este libro está diseñado para darte una guía que te sirva para lograr ser un superventas y presentarte las ideas subyacentes que impulsan este fenómeno.

Pero, antes de profundizar en estos conceptos y sugerencias, probablemente sería apropiado ponerte en antecedentes sobre por qué deberías prestarme atención. Permíteme empezar contándote una historia.

Mi empresa organiza grandes eventos empresariales y de liderazgo en todo el mundo. No utilizamos las típicas salas de conferencias de los hoteles, sino que celebramos nuestros eventos en teatros y auditorios en los que suelen representarse musicales y espectáculos populares. Y, además, tienen un precio elevado y más asistentes que entradas disponibles, a pesar de que la mayoría de las empresas tienen dificultades para conseguir que más de cincuenta o cien personas asistan a uno gratuito.

Por ejemplo, cuando pusimos en marcha una nueva oficina en Sídney (Australia), me vi obligado a enviar un correo electrónico a los clientes que decía: «Hemos vendido demasiadas entradas para el evento para el que ha reservado. El local tiene capacidad para setecientas personas, pero ya hemos vendido más, y se ha creado una lista de espera. Si desea revendernos su entrada —o por cualquier motivo ya no puede asistir al evento—, envíenos un correo electrónico y le compraremos su entrada hoy mismo por el DOBLE de lo que pagó».

Como ya he dicho, la mayoría de los eventos empresariales de Sídney son gratuitos, no superan los cien asistentes y los organizan personas que viven en la ciudad y tienen acceso a contactos y redes locales. Nuestro evento, en cambio, era nuevo por completo, tenía un precio muy elevado y en aquel momento no teníamos ni un solo empleado en la ciudad.

El correo electrónico no era una broma, una estafa ni una estratagema. Era auténtico. Habíamos vendido demasiadas entradas para nuestro evento. Dos semanas después, tuvimos un problema similar en Melbourne, luego en Londres y después en Florida.

Esto no sucedió por accidente. Lo planeamos para que fuera así. Y este libro te mostrará cómo se hace.

Mi empresa suele citar a los clientes con tres meses de antelación. No lo hacemos para complicarlo todo más: es el tiempo que la gente necesita si quiere trabajar con nosotros. Si alguien dice que no está seguro de querer hacerlo, no discutimos ni nos esforzamos por convencerlo. Sonreímos con amabilidad y aseguramos que no pasa nada por no trabajar juntos. No tenemos que convencer a nadie: hay otros esperando.

Puse en marcha mi primera empresa en 2002, a los veintiún años, con una tarjeta de crédito de siete mil dólares. Era una empresa de *marketing* especializada en la promoción de eventos en el sector de los servicios financieros. En doce meses había conseguido más de un millón de dólares en ingresos y tenía más de trescientos mil dólares en el banco. A los veinticinco años, había utilizado los mismos conocimientos para ganar más de diez millones de dólares en ventas y había conseguido una cantidad de dinero envidiable para un joven. Por el camino, descubrí algunas ideas muy valiosas sobre cómo hacer que un producto o servicio tenga un exceso de demanda.

Con veinticinco años me mudé a Londres con mis mejores amigos y socios. Lanzamos un nuevo negocio con un pequeño capital inicial y, una vez más, en menos de doce meses conseguimos ventas millonarias. Con veintinueve años escribí mi primer libro y utilicé las ideas que aquí expongo para hacer que llegara al puesto número uno de libros de negocios en Amazon. He conseguido millones de dólares de capital de inversión para mis empresas y he ayudado a organizaciones benéficas a recaudar cientos de miles de dólares en poco tiempo, y lo he hecho utilizando las ideas que compartiré contigo en las próximas páginas.

Como descubrirás a medida que leas, no hay escasez en el mundo para las personas que comparten con generosidad. Una de las razones por las que hoy en día sigo con exceso de demanda es porque comparto grandes ideas; de hecho, he descubierto que, cuanto más comparto, más pide la gente.

También creo que los principios de este libro conducen a mejores empresas para todos los implicados: para los clien-

13

tes, porque obtienen un mejor servicio; para los empresarios, porque dejan de perseguir a los clientes, y para los empleados, porque disfrutan al trabajar para una empresa con una gran demanda.

Mi visión y mi esperanza es que millones de empresarios y líderes se sientan más capacitados para afrontar problemas mayores. Este libro forma parte de esa visión. Las ideas que presento están pensadas para empresas de calidad que se preocupan por lo que hacen y quieren ser capaces de llevar sus productos al mercado de forma más eficaz. No son para personas que buscan dinero fácil, que quieren hacer una venta rápida o que desean engañar a sus desprevenidos compradores.

Antes incluso de empezar, debes estar seguro de que tu producto o servicio es algo que la gente necesita de verdad. Debe apasionarte tanto lo que ofreces como el valor que aporta al mundo. Tienes que amar lo que haces, preocuparte por tus clientes y querer dedicarte a tu negocio a largo plazo. En lo que queda de libro, daré por hecho que esto es así.

Convertirte en un superventas es la forma de hacer mejor tu trabajo y de pasar más tiempo con tus clientes actuales en lugar de perseguir nuevos. Te da más tiempo libre para innovar con tus productos en lugar de correr de un lado a otro para venderlos, y te permite construir tu marca en lugar de perderte en la multitud.

También he escrito este libro porque comprendo la lucha que sufren la mayoría de los empresarios y líderes. Vivimos tiempos extraordinarios y cambiantes. Muchas de las ideas que funcionaban hace cinco años ya no lo hacen. Todo el mundo está bajo presión para innovar y obtener resultados. La próxima década será a la vez desafiante e inspiradora. El ritmo del cambio se acelera, y el funcionamiento del mundo empresarial y de la sociedad no será el mismo dentro de diez años.

Muchos lo verán como una gran ola de cambio que los arrastra mar adentro, y otros como algo que pueden surfear y disfrutar. Si eres como yo, remarás con fuerza.

Para cuando termines de leer este libro, serás todo un experto en el tema, porque te describiré el proceso para situarte en la envidiable posición de tener un exceso de demanda. Por supuesto, dependerá de ti aplicarlo a tu negocio, y tendrás que probar y equivocarte antes de hacerlo bien. Las ideas son fáciles; lo difícil es ponerlas en práctica. Pero no te rindas, porque la recompensa es extraordinaria. Una vez que lo consigas, ganarás más dinero, te divertirás más y atraerás más oportunidades.

No tendrás que buscarlas, sino seleccionar las que aparezcan. Tu bandeja de entrada se convertirá en un jardín de posibilidades y dejará de ser una larga lista de tareas a las que dar seguimiento.

Este libro no trata solo de principios de *marketing* y métodos empresariales. Comenzaré abordando algunos problemas que padecen la mayoría de las empresas y compartiré algunas de las historias y principios que impulsan la filosofía más profunda del libro. Mi objetivo es que comprendas estos conceptos a un nivel lo bastante profundo para que tomes mejores decisiones de forma intuitiva y enfoques tu negocio con una perspectiva diferente.

Es posible que tengas que leerlo varias veces para asimilar las ideas. Algunas de ellas se entrelazan de forma sutil en las historias. Existe una imagen compleja ahí fuera, y tú formas parte de ella. Pero, como ocurre con cualquier cuadro, no puedes verlo si no tienes la perspectiva adecuada. Cuando retrocedes unos pasos, entonces ves el panorama completo.

Espero que este libro te ofrezca una visión de conjunto para ti y para tu negocio. Embarquémonos juntos en un viaje que empiece donde estás ahora mismo y te lleve adonde quieres estar.

PARTE I

PRINCIPIOS PARA SER UN SUPERVENTAS

PRINCIPIO 1

SOLO LAS EMPRESAS CON EXCESO DE DEMANDA OBTIENEN BENEFICIOS

Es probable que aprendieras hace tiempo que las fuerzas del mercado, la oferta y la demanda, determinan el precio y el beneficio que obtendrás. Pero lo que no aprendiste es que puedes crear tus propias fuerzas de mercado.

Es fundamental que tomes las riendas de este sagrado equilibrio, porque, a menos que tu empresa logre ser superventas, es poco probable que alcances todo el valor que te mereces.

Solo necesitas dos postores

Me encontraba en una sala con cuatrocientas personas que habían acudido a ver al famoso empresario y autor Gary Vaynerchuk compartir sus ideas sobre *marketing* en redes sociales. Al final de su presentación, anunció que subastaría una consulta de negocios individual de una hora con él y que los beneficios se destinarían a obras benéficas.

Explicó que la última vez que había propuesto una consulta de ese tipo había hecho varias presentaciones a su red de contactos y que la persona había ganado cincuenta mil dólares más en menos de treinta días. «No es solo una consulta —explicó—. Es la posibilidad de acceder a mi red; y conozco a algunas de las personas más poderosas del mundo».

Esto hizo que el público enloqueciera. Abrí la subasta con una puja de quinientas libras y otra persona la subió a seiscientas de inmediato. En un abrir y cerrar de ojos, el precio alcanzó las mil libras, y las manos no dejaban de levantarse.

Las apuestas se sucedían las unas a las otras: 2000, 2200, 2400, 2600, 2800 libras.

Cuando la puja superó las tres mil libras, se redujo a dos hombres, que era obvio que querían el premio. Todos los demás quedaron fuera de la carrera, pero estos dos no dejaban de igualarse y subir el precio otras cien libras cada vez.

Eran las dos únicas personas que seguían pujando en una sala con cuatrocientos individuos. El resto estaba sentado pacientemente o disfrutaba del espectáculo.

El precio subió a 3900 libras, sin signos de que fuera a parar en ningún momento. Gary se dio cuenta de que el público estaba cada vez más inquieto, así que preguntó a los dos postores: «¿Queréis pagar cuatro mil libras cada uno y os haré una consulta a los dos?».

Aceptaron, y dio un golpe con el martillo. Había conseguido ocho mil libras al subastar dos horas de su tiempo.

No estoy seguro de cuánto habría subido, pero sé que solo se necesitan dos personas para subir el precio en una subasta. La mayoría de los presentes no pujaron y muy pocos superaron las mil quinientas libras. Pero eso no importa. Cuando la oferta es «una» y hay «dos» que lo quieren, el precio no dejará de subir. Dos personas que desean algo es suficiente para sobrepujar a la única persona que lo tiene. El precio no deja de subir hasta que una de las partes se rinde.

Demasiados empresarios se centran en todo el mercado. Les preocupa mucho lo que pagará la mayoría en lugar de encontrar al pequeño grupo de personas que valoran de verdad lo que ofrecen. Pero, si te centras en el precio del mercado en general, siempre estarás en la media, y, en uno tan competitivo como el actual, estar en la media significa que es poco probable que seas rentable.

Si Gary Vaynerchuk hubiera querido vender a todos los asistentes una hora de su tiempo, es probable que hubiera tenido que bajar su precio a doscientas cincuenta libras la hora. Y, después de meses de una consulta tras otra, ya no le quedaría energía para escribir más libros ni para dar más charlas.

Resulta que Gary sabía que su verdadero valor no era ni siquiera el tiempo de consulta. Era su capacidad para hacer una presentación de alto nivel que la gente tomaría en serio porque venía de él.

Para un número reducido de personas, tu valor es mucho mayor de lo que crees. Es probable que tengas habilidades especiales, redes, recursos y conocimientos a los que ciertas personas estén ansiosas por acceder. No necesitas que todo el mundo te considere muy valioso, solo que un número suficiente de personas hagan que tu precio suba. Separarte de la economía y de tu sector requiere que dirijas tu atención a los que te consideran muy valioso, y que a continuación les sirvas mejor que nadie.

Si dos personas quieren tu tiempo y solo una puede conseguirlo, tu precio sube hasta que una de ellas se rinde. Tu trabajo no es complacer a todo el mundo. Tu trabajo es encontrar a las personas que no pueden vivir sin ti. Entonces…, ¿quiénes son esas personas? ¿Qué es lo que quieren? ¿Y dónde puedes encontrarlas? Estas preguntas son más importantes que las relacionadas con el mercado en general.

Tu precio no está fijado ni establecido por el mercado en general. Es el resultado del exceso de demanda.

Empecemos con algunos conceptos básicos que me enseñó uno de los mejores operadores de mercado del mundo.

Algunas personas se lo pierden

—¿Por qué suben los mercados?

Estaba sentado en el despacho de uno de los agentes de bolsa con más éxito de Australia, un hombre que había negociado miles de millones de dólares y que hacía más de veinte años que operaba en los mercados de forma constante. Era un hombre por el que la gente viajaba al extranjero para escucharlo hablar de mercados durante una o dos horas. Compartió conmigo ideas clave que constituían la base de su estrategia de negociación.

Entonces yo tenía veintidós años y respondí a su pregunta con mi mejor conjetura:

—Noticias positivas, una buena economía, la política monetaria, un buen CEO; probablemente todos estos factores influyan, creo.

—Buen intento, pero no —respondió con una sonrisa—, los mercados suben porque hay más compradores que vendedores, ¡y ya está!

Había olvidado la verdad fundamental de la economía: los conceptos básicos de «oferta» y «demanda» que se aprenden el primer día de cualquier clase de economía. Un mercado fuerte,

COMPRADORES   VENDEDORES

un buen plan de negocio o una historia convincente ayudan, pero, en última instancia, el precio lo fija el equilibrio entre la oferta y la demanda.

Empresas como Uber pueden cotizar en bolsa por más de ochenta mil millones de dólares a pesar de no haber obtenido nunca beneficios, haber recibido abundante prensa negativa y haber tenido todo tipo de problemas con el equipo ejecutivo. Pese a todo lo que pueda ocurrir, cuando hay más compradores que vendedores, el precio de las acciones sube, y, cuando hay más vendedores que compradores, baja. Tras la salida a bolsa de Uber, el precio cayó más de un diez por ciento en los días siguientes, no porque hubiera cambiado algo fundamental en la empresa, sino tan solo porque había más vendedores que compradores.

También fue Uber quien descubrió que las mismas reglas pueden aplicarse al coste de una tarifa de taxi. En lugar de ofrecer tarifas fijas en función de la hora del día, como la mayoría de las compañías de taxis, Uber fue la primera en introducir el precio en función de la oferta y la demanda. Cuando cientos de personas quieren un viaje y solo hay unos pocos conductores en la zona, los algoritmos activan la tarificación por sobrecarga y cobran precios más altos. Pedir un Uber para volver a casa después de un concierto puede costarte un trescientos por ciento más de lo que te costó coger uno hasta el lugar del concierto.

A un nivel básico, los mismos principios se traducen en los beneficios que obtiene una empresa. El mercado aborrece el beneficio; solo se tolera si la demanda es superior a la oferta. Una cafetería con cola en la puerta puede cobrar un precio que cubra todos los costes y un margen de beneficio. Una cafetería vacía empezará a hacer descuentos a los clientes para minimizar las pérdidas en alquiler, personal y servicios.

Nadie quiere que tu empresa sea muy rentable, salvo tus accionistas. Si les dices a los consumidores que pueden tener un precio más barato, pero que la empresa perderá dinero y podría quebrar, probablemente no se lo pensarán dos veces antes de comprar al precio más bajo. No les preocupan tus márgenes de beneficio, sino sus propios presupuestos.

Uber es también un gran ejemplo de cómo estos principios afectan a los beneficios; a pesar de sus miles de millones de ingresos, aún no ha obtenido beneficios porque se abrió camino a la fuerza en un mercado muy saturado y maduro que ofrecía precios más baratos. Su sistema permite que cada vez más personas se conviertan en conductores, de modo que, cuando suben los precios, hay más conductores. Al crear un mercado tan puro, hay pocas posibilidades de obtener beneficios.

Compáralo con el anterior sistema de taxis, que limitaba la oferta mediante licencias y cualificaciones. Antes de Uber, la mayoría de los taxistas se ganaban la vida de manera respetable con la profesión y se sentían seguros porque sabían que, de un modo intencionado, la demanda siempre superaría ligeramente a la oferta.

Solo obtendrás beneficios si superas tu capacidad de suministro; la demanda de tus productos debe ser siempre mayor que tu capacidad para suministrarlos. Es la tensión entre una demanda elevada y una oferta limitada lo que crea la oportunidad de obtenerlos.

Piensa en la dinámica de un vendedor que habla por teléfono con un posible cliente por primera vez. Es una interacción cara a cara: un vendedor hablando con un comprador. Por su diseño, este método de generar negocio no crea desequilibrios ni tensiones y solo generará ingresos.

Por otro lado, imagínate a una oradora en un escenario presentando una oportunidad a una audiencia de miles de personas. Es una sola persona, rodeada de más de mil posibilidades. Hay tensión en el aire por el desequilibrio potencial que se ha creado. Si hay una limitación legítima de la oferta, el precio se mantendrá firmemente alto, de inmediato habrá una avalancha de interés sobre ella y se tolerará el beneficio.

La gente se olvida de lo básico. Se enfrasca en tácticas de *marketing* y generación de clientes potenciales, se preocupa por los estilos de gestión y las técnicas de creación de equipos, y olvida que todas estas actividades no significan demasiado si el negocio no tiene un exceso de demanda.

Esto no es más que una situación en la que algunas personas que quieren algo de verdad se quedan sin tenerlo. Por supuesto, se trata de una situación difícil, porque ni tú ni tu empresa *queréis* que nadie se pierda nada. Desde luego, tú quieres vender a todo el que esté dispuesto a comprar, pero esa misma mentalidad te impide tener un exceso de demanda.

Hay mucha gente que quiere un Ferrari y no puede conseguirlo, pero eso a Ferrari no le quita el sueño. En la empresa saben que el hecho de que algunas personas se queden sin él es lo que hace que su automóvil sea tan codiciado. En todos los productos con exceso de demanda hay gente que no lo consigue, aunque estaba *dispuesta* a comprarlo.

En 2014, Facebook compró la aplicación de mensajería móvil WhatsApp por 19 300 millones de dólares. En aquel momento, la cifra le pareció ridículamente alta a casi todo el mundo en la Tierra, excepto al otro postor. Google era la otra empresa que quería comprarla, y las dos compañías rivales subieron el precio de la relativamente pequeña *startup* a la estratosfera. En aquel momento, la aplicación solo tenía cinco años, contaba con un equipo de menos de cien personas y acababa de conseguir financiación con una valoración de mil quinientos millones de dólares. Por suerte para los fundadores de WhatsApp, solo hacen falta dos pujadores tenaces para que se materialice una valoración astronómica.

Si consigues el equilibrio adecuado y te mantienes por encima de la oferta —de modo que desilusiones a los que se han quedado fuera sin que pierdan por completo el interés por ti y ofrezcas al mismo tiempo un valor notable a los que lo han conseguido—, no tendrás problemas para ser rentable. Si hay demasiada oferta y todos los que quieren lo que tienes pueden conseguirlo, los precios bajarán, y también lo harán los márgenes. A la larga, tu empresa tendrá pérdidas.

Los principios para lograr ser un superventas pueden ser útiles en muchos aspectos de tu negocio. Por ejemplo, si quieres contratar a los mejores talentos, tiene que haber un exceso de demanda de los mejores talentos. Eso significa que algunas personas con talento a las que les encantaría el puesto se quedarán fuera. Si quieres publicidad impactante, necesitas a un exceso de personas que quieran compartir la historia que tienes que contar, de modo que algunos medios de comunicación no la conseguirán. Si quieres inversores, necesitas un exceso de financiación: que haya más gente de la que necesitas dispuesta a poner el dinero, por lo que, al final, algunos se queden fuera.

Si quieres tener un exceso de demanda, tendrás que aceptar que algunas personas se pierdan lo que ofreces. Así es como funcionan los mercados, y así es como el mercado determina tus recompensas.

¿Ganancias, pérdidas o ingresos?

Cuando se trata de las recompensas que tú y tus accionistas obtendréis del negocio, hay tres formas de establecer la relación entre la oferta y la demanda:

- **Exceso de demanda:** la demanda supera a la oferta, lo que permite que se toleren beneficios además de los ingresos normales.
- **Equilibrio:** la oferta y la demanda están relativamente equilibradas, lo que hace que se toleren los ingresos normales, pero no los beneficios.
- **Falta de demanda:** la oferta es excesiva y está por encima de la demanda, lo que provoca pérdidas.

No importa cuál sea el producto, dónde esté ubicada la empresa o la dedicación de los miembros del equipo. Lo único que importa es la relación entre la oferta y la demanda. Aunque el producto sea el mismo, si esa relación cambia, también lo hará la rentabilidad.

En California, en la década de los ochenta, millones de personas decidieron que querían someterse a cirugía plástica. Los cirujanos que ofrecían este servicio escaseaban, y ganaron enormes sumas de dinero con aumentos de pecho, rinoplastias e inyectando bótox. Cualquiera que pudiera realizar estas operaciones acabó teniendo una mansión, un yate, coches de lujo y lucrativas inversiones. Ganaban millones porque en el mercado la demanda era mayor que la oferta de cirujanos plásticos. En ese momento, el mercado de la cirugía estética toleraba ingresos *y* beneficios.

Hoy en día ya no es así. Los Ángeles está lleno de cirujanos plásticos. Atraídos por la enorme riqueza disponible, a finales de los ochenta, un montón de estudiantes de medicina cambiaron de carrera y se dirigieron a Beverly Hills para ganar mucho dinero. Sin embargo, al llegar, descubrieron que no eran los únicos que habían tomado ese camino. A finales de los noventa, la relación entre oferta y demanda de nuevo se equilibró, y hoy la mayoría de los cirujanos plásticos de Los Ángeles ganan un sueldo normal de cirujano.

Los cirujanos plásticos de esa época ganaban más dinero que los de hoy en día debido a una tendencia que ocurrió en

un nicho dentro de la industria médica. No era la naturaleza de lo que ofrecían lo que lo hacía rentable; era la tensión entre la demanda y la oferta lo que fijaba el precio.

Hay ciclos en industrias enteras en los que la demanda *de cualquier persona* en un campo en concreto es muy alta. Es lo que se conoce como auge industrial. Por ejemplo, el auge de las empresas puntocom a finales de los noventa, cuando casi cualquier compañía de Silicon Valley era capaz de ganar millones por poco más que una idea.

Hay ciclos en la economía en los que la demanda del conjunto de los consumidores supera a la oferta del conjunto de la industria. En esos momentos, a todo el mundo parece irle bien y hay un auge económico para casi todo el mundo, como lo que ocurrió en la época conocida como los locos años veinte.

Sin embargo, tú no quieres depender de los caprichos de la economía o de las tendencias de tu sector. Tu capacidad para ganar y obtener beneficios es demasiado importante para dejarla al azar y, como verás en los principios y las estrategias que exploramos en este libro, puedes ser completamente independiente de tu sector o de la economía y construir un mercado propio.

Es posible jugar a un juego avanzado en el que controlas por completo las fuerzas de la oferta y la demanda que repercuten en tu negocio. Entonces eres capaz de llegar a ser un superventas en tus propios términos, sin importar lo que les ocurra a los demás.

Incluso en mercados saturados, incluso cuando la competencia es feroz o te enfrentas a empresas con ingentes recursos, aun así, todavía está en tu mano sobrepasar la cuota de mercado y disfrutar de beneficios por encima de los ingresos normales de tu sector al crear un mercado propio.

Las fuerzas de la oferta y la demanda funcionan igual cuando los clientes te perciben como alguien distinto de tu sector. Y, aún mejor, no se necesita a demasiada gente para crear un mercado propio, saturarlo y mantener un precio rentable si se acierta en algunos aspectos clave y se crea un mercado propio ferozmente leal.

PRINCIPIO 2

LAS ÚNICAS PERSONAS
QUE IMPORTAN SON *TU* GENTE

Formar parte de un mercado abierto es un problema: siempre lucharás contra las fuerzas de la oferta y la demanda, las cuales escapan de tu control. Disponer de un mercado propio es la clave para conseguir un exceso de demanda.

Crea tu propio mercado

Veamos el caso de los actores en Estados Unidos como ejemplo de una industria con exceso de oferta. Hay más de ciento sesenta mil personas afiliadas al Sindicato de Actores de Cine (Screen Actors Guild – American Federation of Television and Radio Artists), y apenas tres mil ganan más que el salario mínimo. Alrededor del noventa y nueve por ciento de los actores no puede permitirse vivir con el dinero que gana actuando. Menos de mil en Estados Unidos ganan más de ciento cincuenta mil dólares al año.

Desde un punto de vista económico, hay un exceso de actores de cine. Por ese motivo, no hay ninguna razón para que un productor pague una gran suma por un actor. Sin embargo, como sabemos, lo hacen sin cesar. Para algunos de ellos, una remuneración millonaria por película no solo es una posibilidad, sino que la gente hace cola para pagarla. Estos actores son ajenos al mercado. Han creado el suyo propio.

George Clooney, Brad Pitt, Sandra Bullock, Jennifer Lawrence y Julia Roberts tienen a millones de personas dispuestas a ver una película si salen ellos. Han creado su propio mercado y tienen un gran número de espectadores. Sus ingresos no están vinculados *al* mercado, sino a *su* mercado.

No cabe duda de que estas personas tienen talento, pero sus ingresos tienen muy poco que ver con el oficio de actor. Están más relacionados, en cambio, con su capacidad para conseguir que la gente pague por ver la película. Tienen el poder de aparecer en programas de entrevistas y en los medios de comunicación para promocionar su trabajo. Por ello, si sus nombres se asocian a una película, la financiación y un equipo de talento se ponen sobre la mesa. En realidad, los productores pagan por la capacidad de movilizar talento, publicidad y financiación para un proyecto.

Crear tu propio mercado consiste en resolver problemas más importantes para las personas que los que resuelven los

GEORGE 10 MILLONES

NO GEORGE 0 DÓLARES

demás. Ser único no consiste en realizar una tarea a un alto nivel, sino en tener una capacidad única para hacer que las cosas se hagan.

Cuando tu empresa es percibida como única en el mercado, ganará dinero con independencia de lo que hagan los demás en tu sector. Aunque haya miles de personas que técnicamente puedan hacer lo mismo que tú, eso no influirá en el precio que puedas cobrar. Tu propio mercado determinará tu precio.

En 2019, Kylie Jenner fue declarada la multimillonaria más joven por la revista *Forbes*. Los asesores de gestión nunca habrían elegido el maquillaje como el producto de moda con el que hacer fortuna; la industria cosmética lleva mucho tiempo saturada de grandes marcas establecidas. Para la empresaria de veintiún años, eso no importaba, porque había acumulado más de ciento veinte millones de seguidores en Instagram que compraban con entusiasmo todo lo que ella mostraba en su perfil. Con un pequeño equipo, un *software* básico de compra y sin representación en tiendas ni anuncios en revistas de moda, Jenner ha distribuido suficiente maquillaje para convertirse en una marca muy valiosa.

Es fácil asumir que tus ingresos están ligados a la economía y que tu estilo de vida está vinculado de manera inextricable a lo que ocurre «ahí fuera». Sin embargo, si vinculas tu negocio a la industria, al mercado y a las tendencias que todo el mundo sigue, no dejarás de competir en precio como hacen los demás.

En cambio, si te separas *del* mercado y construyes el *tuyo propio,* podrás generar tanto dinero como tu mercado te lo permita.

Debes empezar a crear tu propio grupo de seguidores leales. Cultiva a una tribu de personas que sean leales a tu negocio, a tus productos, a tu personalidad y a tu filosofía. Reúne a tus propias tropas. Aleja a esas personas de la industria, sepáralas una a una del mercado y conviértelas en parte de algo especial.

Vamos a explorar varias formas de construirte tu propio mercado.

También descubrirás que no necesitas crear un mercado enorme para conseguir un exceso de demanda. Ser más pequeño puede ser una ventaja a la hora de conseguir una sobrepuja. Como mostré en el capítulo 1, no se necesitan más que dos pujadores que quieran algo de verdad para que el precio suba. Un negocio rentable que esté alineado con tu estilo de vida puede necesitar solo unos pocos miles de clientes fieles; una base de seguidores relativamente pequeña, pero entregada, que realmente ame lo que haces. Una empresa de cien millones de dólares puede necesitar atraer solo a veinticinco mil clientes que se apasionen con un producto que parece diseñado precisamente para ellos.

No necesitas a todo el mundo

Rich Litvin es uno de los *coaches* de vida mejor pagados del mundo. Sin embargo, es probable que nunca hayas oído hablar de él, ¡porque solo tiene ocho clientes clave!

Los clientes de Rich pagan más de ochenta mil dólares al año. A menudo pagan sus cuotas anuales por adelantado y con frecuencia renuevan con él para varios años. Si te pones en contacto con él y le pides ser su cliente, te hará algunas preguntas y, en función de cómo respondas, te recomendará a otro *coach* o te ofrecerá una entrevista inicial. Si esta primera sesión va bien, es probable que empecéis a trabajar juntos en un plazo de seis a doce meses.

Rich Litvin trabaja solo con altos cargos con un historial de éxito, cuyas decisiones tienen consecuencias de gran alcance. Entre sus antiguos clientes figuran empresarios multimillonarios, políticos, gestores de fondos y atletas olímpicos. No necesita que todo el mundo sea su cliente; solo necesita a ocho personas que deseen un nivel de servicio especializado que la mayoría de los *coaches* están demasiado ocupados para ofrecer.

Ha creado su estilo de *coaching* para una clientela muy exclusiva. Trabaja a fondo con personas que acostumbran a tomar decisiones solas. Las personas con un gran poder tienen que tomar grandes decisiones, y a menudo no pueden expresarse por completo con sus cónyuges, sus juntas directivas o sus empleados. Estas personas obtienen un enorme valor de una sesión de *coaching* con alguien que entiende la presión a la que están sometidas y que las ayuda a analizar sus opciones y a alinear sus acciones con sus valores y objetivos vitales más importantes. Para un pequeño número de personas exitosas, Rich es su arma secreta para sacar el máximo partido a la vida.

Por supuesto, su carrera no empezó de esta manera. Al principio era un maestro de escuela en Londres que descubrió el *coaching* como parte de su formación como líder en el campo de la educación. Al ver el impacto que estas habilidades tenían en su equipo, pronto desarrolló una pasión por el *coaching* de vida; sin embargo, cuando se planteó cambiar de carrera, descubrió que no era una carrera demasiado lucrativa.

Incluso en Estados Unidos, donde el *life coaching* está más consolidado como profesión, se ganan de media 32,50 dólares por hora (según PayScale.com) y, con una experiencia de entre cinco a diez años, estos profesionales pueden esperar ganar apenas cincuenta mil dólares al año.

No dispuesto a conformarse con la tarifa del mercado, Rich se trasladó a Los Ángeles, se metió en los círculos adecuados y se lanzó a hacer propuestas de alto valor a un selecto grupo de personas. Su filosofía personal y su creencia en estas habilidades le dieron la convicción de que, cuanto más alto fuera el rango del cliente, más valor recibiría del *coaching*.

Para su sorpresa, el segmento superior del mercado no estaba tan saturado como el inferior. La gente que gana millones al año no quiere pagar 32,50 dólares a un *coach,* por muy experimentado que este sea. Las personas exitosas quieren un nivel de servicio dedicado, y alguien que cobra una tarifa baja no puede ofrecérselo.

Rich descubrió que era mucho más fácil dedicarse a encontrar ocho clientes perfectos, dispuestos a pagar más de ochenta mil dólares al año, que encontrar ochocientos clientes dispuestos a pagar ochocientos dólares. Los gastos generales y las molestias de atender a ocho clientes no son nada comparados con atender a cientos.

Se diferenció al escribir un libro y crear una pequeña tribu de seguidores dedicados a sus métodos de *coaching*. Ofrecía mucho contenido gratuito en sus vídeos y hablaba en grandes reuniones de líderes. La clave de su éxito fue decir que no a la mayoría de las personas que querían trabajar con él. Cuando le preguntaban a cuánto ascendían sus honorarios, era lo bastante valiente para fijar un precio muy superior al de la mayoría y añadir que solo trabajaba con un máximo de ocho clientes selectos al mismo tiempo.

Este enfoque hizo perder el interés a mucha gente. Les sorprendía que sus honorarios fueran tan elevados, y nunca se gastarían tanto dinero en un *coach* de vida. Algunos se burlaban, otros esperaban poder permitírselo algún día y otros asentían de manera cortés con la cabeza, pero en secreto sabían que no estaban dispuestos a gastar tanto. Nada de eso importaba, porque la demanda de Rich era mayor de la que podía atender: más de ocho personas al año se entusiasmaban con la perspectiva de tener a un *coach* que dedicara tiempo a entender su complejo mundo.

Cuando empecé a asesorarlo sobre su estrategia de negocio, ya tenía lista de espera para sus sesiones de *coaching* de alto valor, pero quería ampliar su negocio y atender a más personas. Elaboramos con detenimiento un programa de *coaching* en grupo y buscamos señales de interés. Las personas que mostraron interés empezaron a recibir contenidos más especializados de Rich. Compartió con ellos sus historias, sus ideas únicas, sus filosofías y sus métodos. En el transcurso de sesenta días, compartimos tanto valor que un grupo de unas mil personas pasó de tener una leve curiosidad a estar muy interesado en lo que Rich tenía que decir.

Entonces lanzó el nuevo producto de grupo que habíamos desarrollado, llamado 4PC (que significa el cuatro por ciento de diferencia entre un gran logro y el siguiente nivel de éxito), y anunció que el grupo tendría un máximo de sesenta miembros. Con más de mil personas involucradas en la campaña, el lanzamiento fue un gran éxito, y generó más de un millón de dólares en ventas. 4PC podría generar mucho más que eso cada año, pero la exclusividad es lo que hace que el grupo sea tan deseable en primer lugar. Entre sus miembros hay vicepresidentes de empresas de la lista Fortune 500, un exmiembro de las Fuerzas de Operaciones Especiales de la Marina de Estados Unidos, empresarios con experiencia que han vendido sus empresas, líderes de organizaciones sin ánimo de lucro, varios doctores y el ex director de *marketing* de Harley Davidson.

El mercado dice que los *coaches* de vida deberían ganar 32,50 dólares la hora, no 640 000 dólares al año. El mercado dice que, si más de cien personas quieren pagar para unirse a un exclusivo grupo, sería una tontería limitarlo a sesenta. El mercado se equivoca; su trabajo es erradicar el beneficio, no maximizarlo.

Sufrirás si intentas adaptarte a lo que el mercado cree. Te obligará a bajar los precios y te exigirá cada vez más, hasta que quiebres. En lugar de adaptarnos al mercado, mejoremos en la búsqueda de nuestro mercado, que está formado por las personas a las que de verdad les importa lo que haces. Valoran mucho los resultados que puedes aportarles. Lo entienden y, lo que es más importante, también pueden permitírselo. Conoces a estas personas mejor que ellas mismas en lo que respecta a sorprenderlas y deleitarlas. Comprendes sus necesidades y deseos insatisfechos; tienes ideas para ellos que los dejarán boquiabiertos. Te preocupas por ellos casi demasiado.

Estas son las personas en las que tienes que invertir tu energía. Con el tiempo, separarás tu mercado del resto, y serán inmunes a cualquier oferta barata o estratagema aburrida de un competidor; si no viene de ti, no les interesará. No necesitas a todo el mundo para un exceso de demanda, solo necesitas más gente de la que puedes manejar.

Famoso para unos pocos

En cierto modo, supongo que soy una celebridad. De vez en cuando, alguien me para por la calle porque ha leído mis libros, ha asistido a mis eventos o ha visto mis vídeos en Internet. Me invitan a entrevistas en pódcast y blogs. Personas que no conozco contactan conmigo por las redes sociales y, de vez en cuando, recibo alguna carta efusiva de un admirador.

La diferencia entre los famosos de verdad y yo es que yo lo soy para un pequeño número de personas, para miles en lugar de para millones.

La buena noticia es que eso es todo lo que hace falta hoy en día. No es necesario salir en la gran pantalla, ni que se hable de ti en los blogs de cotilleos, ni aparecer siempre en la portada del periódico para tener un negocio o una vida fantásticos. Basta con ser famoso para unos cuantos miles de personas.

Ser famoso tan solo significa que personas que nunca has conocido, en lugares en los que nunca has estado, tienen una conexión emocional con lo que haces. Antes de los medios digitales, los únicos que podían conseguirlo eran las estrellas de cine, los periodistas, los músicos que salían en la radio o las personalidades de la televisión. Esos eran los únicos métodos de conectar con gente de lugares en los que nunca habías estado.

Hoy en día las cosas han cambiado de forma radical; cualquier persona puede tener el equivalente a un programa de televisión en YouTube, un programa de radio en forma de pódcast o un periódico en forma de blog. Lo que no ha cambiado es la estructura del cerebro humano.

El cerebro forma conexiones basadas en tres ingredientes clave:

Tiempo: si pasas mucho tiempo con alguien, empieza a crear vínculos contigo. En concreto, las investigaciones sobre el comportamiento de vinculación sugieren que pasar más de siete horas con alguien te lleva de la categoría de «conocido» a la de «amigo».

Interacciones: los intercambios frecuentes de comunicación crean vínculos. Cualquiera que haya tenido un amigo por correspondencia internacional te dirá que se puede construir un vínculo basado solo en escribirse cartas. En un trabajo de investigación titulado «Zero Moments of Truth» ('Cero momentos de verdad'), un líder intelectual de Google descubrió que, cuando las personas tenían unas once interacciones con una marca, eran considerablemente más propensas a comprarle a esa marca.

Lugares: ver a la gente en distintos sitios es otra forma de estrechar lazos. Las personas que solo se ven en el trabajo no están tan unidas como las que también se ven en entornos sociales o en eventos deportivos. Según los estudios sobre el fomento de la confianza, el número mágico es cuatro lugares.

Si pasáramos siete horas juntos, tuviéramos once interacciones y nos encontráramos en cuatro lugares distintos, no cabe duda de que sentiríamos un vínculo. Parecería que somos más amigos que conocidos.

Esto tiene sentido desde una perspectiva evolutiva. Nuestros antepasados simiescos tenían que aprender quién era un miembro de confianza de la tribu y quién una amenaza potencial. Es lógico que, si dos *Homo sapiens* han pasado tiempo juntos y han interactuado en varios lugares, ambos formen parte de la misma tribu.

Por tanto, la clave para labrarte tu propio mercado está en la fórmula del 7-11-4. Cuanta más gente logres involucrar en términos de tiempo, interacciones y ubicaciones, más gente te percibirá como diferente, único y parte de su tribu. Desde este punto de vista, una persona famosa no es más que alguien que ha utilizado los medios y la tecnología para lograr el efecto 7-11-4 con su público.

Las personas que están fascinadas con Oprah seguro que han visto más de siete horas de sus programas, han interactuado con ella más de once veces y la han visto en cuatro lugares distintos (televisión, revistas, redes sociales y periódicos). Si nos fijamos en una celebridad convencional, es fácil pasar por alto el principio fundamental del 7-11-4 que funciona de manera universal.

Hay estrellas de YouTube que tienen millones de suscriptores que las ven semana tras semana. Si uno de sus suscriptores, que ha estado lo bastante expuesto al efecto 7-11-4, la ve en un restaurante, podría caerse de la silla por el simple y emocionante hecho de estar en la misma habitación. Cualquier otra persona que nunca haya oído hablar de ella, lo encontraría extraño porque no ha tenido suficiente exposición a ella.

Destacar en un mercado ruidoso

En un concurrido mercado de Bali, deambulé de puesto en puesto mientras echaba un vistazo a los productos expuestos frente a mi hotel. Los comerciantes me ofrecían gafas de sol, camisas, relojes, alfombras, baratijas y hasta un fregadero (literalmente). Después de varios días así, me había vuelto inmune a sus insinuaciones y pasaba con facilidad de todo lo que no me interesaba. Por mucho que me gritaran, me tiraran de la camisa o me agarraran de las manos, no conseguían llamar mi atención en ese ruidoso mercado.

Mientras cotilleaba por el mercado, vi una cara conocida. Era un amigo del trabajo con el que había hecho negocios unos años antes. Me abrí paso entre los bulliciosos vendedores ambulantes y toqué a mi amigo en el hombro con un cariñoso

39

«¡Qué agradable sorpresa verte por aquí!». Levantó la vista y su expresión pasó en un instante de bloquear de forma estoica su entorno a sonreír con calidez al ver mi rostro familiar. Decidimos comer algo y tomar una cerveza fría en la playa para ponernos al día. Durante la conversación hablamos de negocios e identificamos varias oportunidades en las que podríamos trabajar; nos separamos y cerramos un trato por correo electrónico en las semanas siguientes.

El mundo se ha convertido en un mercado ruidoso lleno de vendedores que presentan sus productos cientos de veces al día. Esto ha provocado que la gente se haya vuelto insensible a la mayoría de las formas de *marketing*. En un mercado ruidoso, los trucos no funcionan, molestar a la gente no funciona e interrumpir la jornada de la gente tampoco funciona.

Sin embargo, lo único de lo que la gente nunca se cansará es de ver a alguien que conocen, que les gusta, en quien confían y que aparece en medio de un mar abarrotado de caras desconocidas. Debes sentar las bases para que la gente te conozca, le gustes y confíe en ti poco a poco.

Prepárate para un atracón de contenido

La verdadera prueba de si tu empresa es capaz de destacarse de forma significativa es la capacidad de que alguien se dé un atracón de tu contenido en línea durante las siete horas, once interacciones y cuatro ubicaciones necesarias. Imagina a personas que acaban de oír hablar de ti y quieren profundizar tanto como puedan en ti. Utilizan su teléfono para buscar vídeos, pódcast, blogs, cuentas de redes sociales y sitios web que puedan ayudarlos a obtener más información.

Ninguna empresa está exenta de ello. Tanto si vende productos físicos como servicios intangibles, sus compradores potenciales investigan en Internet. Necesitas crear un recorrido para que ahonden en su deseo de saber más.

Lo que buscan es información creíble y valiosa. Quieren ideas, historias, ejemplos, demostraciones y datos interesantes.

Si es posible que una persona pase un día investigando tu empresa y encuentre contenido que valga la pena explorar en profundidad, tienes los cimientos para crear una base de clientes apasionados. Si, por el contrario, es imposible que alguien se atiborre de tus ideas durante unas pocas horas o solo encuentra material de venta, será muy difícil crear un grupo de personas comprometidas a las que les interese lo que haces.

El mercado está formado por personas que podrían comprar tu producto. Tu mercado son las personas que han sido partícipes de la fórmula 7-11-4 tanto respecto a ti como a tu marca de negocio. Una empresa lista para escalar es aquella que tiene suficientes activos digitales disponibles de forma gratuita en línea para que cualquiera que quiera darse un atracón de contenido pueda hacerlo con facilidad.

PRINCIPIO 3

PRIMERO CREA TU MERCADO; LUEGO, REALIZA LAS VENTAS

Llevar un producto *al* mercado es muy diferente de llevar un producto a *tu* mercado. Tu mercado está impaciente por saber qué harás a continuación; quiere interactuar más contigo y siempre se interesa por tu última creación. Al mercado en general le da lo mismo.

Las empresas que se convierten en superventas nunca sacan productos al mercado. No crean algo para intentar vendérselo a cualquiera. Las empresas con un exitoso exceso de demanda lanzan productos y servicios solo para quienes han manifestado interés por ellos.

No metas prisa a la gente

En 2014, los rumores apuntaban a que Apple lanzaría una nueva categoría de dispositivos, y se especulaba que sería un reloj digital. Eso fue un desafío para el gigante tecnológico rival, Samsung, que se propuso superar a Apple en el mercado con una nueva versión del producto.

Samsung aceleró el proceso de producción y anunció su reloj inteligente Gear S el 28 de agosto de 2014, dos semanas antes del evento de Apple, previsto para el 9 de septiembre. Fabricaron cerca de un millón de relojes y los pusieron a la venta a finales de noviembre, a tiempo para Navidad. Le habían asestado a Apple un doble golpe, al anunciarlo primero y luego al ser los primeros en comercializarlo, o eso creían.

Tim Cook subió al escenario en septiembre y mostró al mundo el nuevo reloj de Apple, describió sus ventajas y mostró un vídeo del producto. Por supuesto, los fans más acérrimos del MacWorld lo ovacionaron, pero el equipo de Apple sabía que el resto del mundo veía este producto por primera vez y sería más cauto.

Cook entendió, por las malas críticas de Samsung, que el mercado aún no había decidido si quería otro dispositivo digital. Así que ralentizó la campaña de lanzamiento y fue paso a paso. Primero puso a disposición del público información en línea y luego publicó vídeos de iconos de la moda que describían su experiencia con el dispositivo. Apple sacó anuncios en *Vogue,* por lo que posicionó a conciencia el reloj junto a marcas de lujo. Por último, anunció una asociación con Hermès, fabricante de artículos de cuero de alta gama.

No fue hasta abril de 2015 cuando permitieron que la gente se preinscribiera para un Apple Watch, pero no que lo comprara. Incluso cuando el producto se lanzó, un mes más tarde, era imposible entrar a una tienda y comprar uno. Los clientes tenían que reservar una cita por internet para ir a una tienda, probarse el reloj y después comprarlo. No fue hasta finales de 2015 cuando los Apple Watch estuvieron disponibles en tiendas y en la página web.

Samsung envió ochocientos mil relojes a todo el mundo; sin embargo, se rumorea que sufrieron un elevado número de devoluciones y que vendieron muchos relojes con grandes descuentos. Sobreabastecieron un mercado que aún no demandaba ese producto. Se dice que Apple vendió más de cuatro millones de relojes inteligentes en 2015, y que vendió más de cuarenta millones de unidades en los cinco años siguientes al lanzamiento. Y no hicieron descuentos ni tuvieron grandes volúmenes de *stock* sin vender.

Apple había equilibrado con delicadeza las fuerzas de la oferta y la demanda; se pasaron un año creando con cuidado un mercado para el producto antes de aumentar la oferta. Comprendieron que a la gente le llevaría tiempo conocer ese nuevo dispositivo y ver su valor. Por eso primero pidieron señales sutiles, mucho antes de pedir que hicieran una compra. En primer lugar crearon un mercado y luego realizaron las ventas.

Hasta la empresa más pequeña puede aprender de dos de las más grandes del mundo. Cuando vendas en el mercado, dirígete a personas que estén lo bastante entusiasmadas para hacer negocios contigo. Tómate tu tiempo para educar o entretener a la gente, pídeles que te muestren su interés y espera a vender hasta que estés seguro de que están suficientemente interesados.

Señales de salida, señales de entrada

Los empresarios, los profesionales del *marketing* y los líderes empresariales desearíamos en secreto que las personas no fueran tan complejas. En nuestras fantasías, creamos un producto, describimos con claridad sus características, ventajas y beneficios y luego la gente lo compra. Por desgracia, los humanos no funcionamos así; primero necesitamos un poco de preparación.

Incluso cuando se trata de un mercado de personas que te conocen, te aprecian y confían en ti, no es sensato esperar que pasen directamente de escuchar hablar de un producto o servicio a comprarlo. Por el camino hay muchas microdecisiones que la gente quiere tomar, y estas requieren más información o más confianza.

Preparar a la gente consiste en educarla y entretenerla para que pueda tomar estas microdecisiones. Mucho antes de pedirles que compren algo, les pides compromisos más pequeños, llamados *señales*. Si prestas especial atención a las señales que te da la gente, reconocerás con facilidad cuándo tienes un exceso de demanda.

En lugar de precipitarte, ve más despacio y envía señales de lo que piensas hacer. Deja que te respondan con tranquilidad. Baila con tu mercado, envíales un correo electrónico «seductor» que insinúe tus intenciones y deja que te devuelvan el gesto para que sepas que están interesados en lo que tienes en mente.

Considera dos métodos para vender entradas para un taller especial que organiza tu empresa:

Enfoque 1

Envías un correo electrónico a tu lista de contactos para informarlos de que organizas una conferencia anual con ponentes invitados sobre el tema «Contratar a los mejores talentos». Les comunicas los horarios, las fechas y los detalles del lugar del evento, junto con las biografías de los ponentes y el precio de las entradas. Esperas a ver cuánta gente compra una entrada y te molesta que la respuesta sea mucho menor de la que esperabas. En el último minuto, te preguntas si debes cancelar la conferencia o esperar que algunos compren una entrada el día antes. Al final, envías unos cuantos correos electrónicos a la desesperada con la misma información que la gente ya recibió, con la esperanza de que simplemente se hayan olvidado.

Enfoque 2

Envías un correo electrónico a tu lista de contactos con un interesante contenido sobre un libro reciente acerca de la contratación y la gestión de las superestrellas. El mensaje termina con «P. D.: Estoy en contacto con el autor de este libro para que participe como ponente en nuestra próxima conferencia. Si te interesa, reserva el 21 de junio en tu agenda. Responde también a este correo electrónico e indícame los temas clave que te aportarían más valor para que pueda hablar de ellos con nuestro posible ponente».

Una semana más tarde, comunicas a los asistentes que has contratado al autor como conferenciante y que has confirmado el lugar de celebración del evento. Compartes con ellos las peticiones de temas que has recibido por correo electrónico y les haces saber que el invitado abordará sin duda esas áreas de interés. Les pides que se preinscriban para acceder a un precio reducido en cuanto las entradas estén disponibles. Además, si se inscriben con antelación, como regalo recibirán un ejemplar digital del libro del autor.

Por último, envías un correo electrónico para informar de que habrá sesenta entradas disponibles para la conferencia y que ya hay noventa y tres personas preinscritas. Incluyes un enlace a un pódcast que has grabado con el ponente invitado y uno a un artículo que escribió para *Forbes*. Informas a los preinscritos de que el lunes pueden beneficiarse de un descuento del veinte por ciento y que el martes las entradas se pondrán a la venta a precio completo.

El lunes ves cómo se agotan cuarenta y siete de las entradas. El martes haces un par de llamadas y vendes otras seis entradas a los que se preinscribieron pero no compraron el día anterior. A lo largo de la semana siguiente, las entradas restantes se venden, y envías un correo electrónico a la lista para informar de que se han agotado las entradas y de que, si lo desean, pueden preinscribirse para la conferencia del año que viene.

En el primer ejemplo, se promocionó una opción binaria sin un proceso previo de preparación, sin señales y sin indicar el aforo máximo. Las entradas están a la venta: lo tomas o lo dejas.

El segundo enfoque ofrecía valor a cada paso, acercaba a la gente al ponente y a los temas que se tratarían y pedía pequeñas muestras de interés a lo largo del camino. De este modo, el organizador podía comunicar que el aforo del evento tenía un exceso de demanda y que existían verdaderas razones para comprar una entrada en cuanto se pusieran a la venta. También permitió al organizador hacer un seguimiento de las personas que habían mostrado interés, pero no habían comprado.

Por lo demás, la conferencia podría ser la misma, pero el número de asistentes sería muy diferente.

Señala al mercado lo que haces de forma lenta y elegante, pues eso añade valor e intriga al proceso. Deja que te transmitan su interés, sus preocupaciones o sus aportaciones. Aunque parezca más laborioso entablar este prolongado baile de cortejo con tus clientes potenciales, es una forma de asegurar los resultados deseados.

Cuatro posiciones de mercado que superan la oferta

La clave para conseguir un exceso de demanda es lograr un desequilibrio en tu mercado en el que haya más compradores que vendedores. Hay cuatro factores que impulsan los desequilibrios en el mercado:

- **Innovación:** ofreces algo nuevo y brillante que nadie más ofrece. Solo hay un vendedor (tú) y un nicho de nuevos compradores que lo quieren. Por tanto, hay más compradores que vendedores porque solo hay un proveedor y más gente que lo quiere.
- **Relación:** construyes una relación tan poderosa con los compradores que estos ignoran a otros vendedores. Hay más compradores que vendedores porque los compradores no están interesados en otros vendedores.
- **Comodidad:** respondes a las necesidades del mercado con la opción más sencilla de aquello que desean. Se trata de estar en el lugar adecuado, en el momento adecuado, con algo que cumpla los deseos insatisfechos de los consumidores. Esto crea más compradores que

vendedores porque los compradores son reacios a invertir tiempo, dinero y energía para buscar alternativas.

- **Precio:** esto ocurre cuando eres capaz de crear un desequilibrio basado en el precio. Has invertido en un activo que tiene una eficiencia que otros no tienen. Lo más importante es que eres capaz de ofrecer tus productos a un precio rentable, pero inferior al que pueden alcanzar otros proveedores.

Si observamos con detenimiento los mercados grandes y consolidados, nos daremos cuenta de que a menudo hay cuatro grandes actores que ocupan cada una de estas posiciones de mercado. Se ve en hoteles, aerolíneas, bancos, telecomunicaciones, automóviles e informática. En esencia, las grandes marcas se centran en dominar uno de estos cuatro desequilibrios del mercado y dejan que otras marcas luchen por las alternativas.

También te darás cuenta de que cada una de estas posiciones hace difícil competir con las demás. No se puede ser muy innovador y a la vez resultar cómodo; no funciona porque la innova-

ción tarda tiempo en desplegarse con coherencia. No puedes ser muy barato y, además, competir en relaciones, ya que construir relaciones cuesta dinero. De modo que tendrás que elegir una posición de mercado principal en la que centrar tu negocio.

Veamos cada uno de ellos con más detalle para ayudarte a determinar cuál te conviene más.

Impulsor número uno: innovación

La primera forma de crear más compradores que vendedores es crear algo nuevo que el mercado no haya visto antes y que ahora quiera. Un iPod en 2002, un Furby en 1999, el corte de pelo geométrico en 1963. A nivel local, puede ser un nuevo estilo de masaje reiki, la única cafetería ecológica de la zona o una nueva estrategia de *marketing*.

¿Te has fijado alguna vez en que la película más vista del mes es siempre una nueva? Nunca vuelve a ser *Titanic* o *El Padrino*. Aunque no sea ni de lejos tan buena como algunos de los clásicos, a la gente le encanta experimentar cosas nuevas. De todos modos, no es necesario que aquello nuevo y brillante que crees sea una superproducción épica ni tampoco que esté dirigido al mercado de masas.

Una innovación puede ser sutil. Puede ser la forma de empaquetar algo junto con otros productos y servicios. Puede ser algo nuevo que hayas traído de un mercado diferente. Puede ser algo que la gente ya haya visto antes, pero con una característica nueva.

Mi equipo y yo creamos el programa «Key Person of Influence» ('Persona influyente clave') en 2010. Se trata de una nueva visión del liderazgo y del emprendimiento que combina elementos de un acelerador de crecimiento de Silicon Valley con programas de formación y desarrollo, y esa innovación se ha convertido en un negocio global que presta servicio a miles de emprendedores y líderes de varios países.

Hay tres tipos principales de innovación:

- **Innovación del producto:** inviertes en un producto nuevo que la gente no ha visto antes o modificas un producto existente de una forma nunca vista. Por ejemplo, George Lucas inventó una galaxia de personajes y productos cuando lanzó al mundo *La guerra de las galaxias.*
- **Innovación del sistema:** ofreces un producto existente de una forma nueva que hace las cosas más rápidas o fiables. Por ejemplo, Facebook es un sistema innovador para que la gente haga un seguimiento de todos sus amigos y también es un gran sistema para los anunciantes.
- **Innovación de la marca:** haces que algo aburrido sea mucho más deseable con una nueva forma de presentarlo al mercado. Por ejemplo, Ralph Lauren popularizó el polo estándar a través de una marca de alta costura.

Impulsor número dos: relación

Ser dueño de la relación con los compradores de tu mercado genera en él un desequilibrio. Si la gente no busca alternativas, al final se agrupa y el negocio consigue un exceso de demanda. ¿Alguna vez te has parado a pensar quién podría ser una alternativa a tu contable? ¿Es tu contable siquiera el número uno? ¿Cobra mucho más que los demás, cobra aproximadamente lo mismo o es mucho más barato?

Si no te has planteado estas cuestiones antes, y la mayoría de la gente no lo hace, es porque tu contable es el dueño de vuestra relación y has dejado de buscar alternativas. Si, con el tiempo, los contables consiguen captar más y más clientes como tú, obtendrán unos ingresos muy buenos gracias al exceso de demanda de su consulta.

Puedes convertirte tú mismo en una persona influyente en el mercado o alinearte con alguien que ya lo es y a la que la gente escucha para recibir consejos en lugar de buscar alternativas. Esta es la razón por la que Roger Federer cobra millones por promocionar productos, por la que los restaurantes hacen todo lo posible por agradar a los críticos gastronómicos o por la que los fondos de inversión se ganan el favor de los asesores financieros. Todas estas personas ya tienen un mercado que escucha sus consejos.

¿Por qué comparar precios si sé qué raqueta utiliza Roger Federer? ¿Por qué probar todos los restaurantes de Londres si puedo ir al que ha sido calificado con cinco estrellas por un afamado crítico gastronómico? ¿Por qué intentar entender los mercados financieros si mi asesor financiero de confianza tiene todas las respuestas?

Al final, las relaciones se formalizan mediante contratos. Al buscar un plan de telefonía, la gente pierde horas de su vida para tratar de entender la diferencia entre todas las ofertas. Sin embargo, una vez que una persona por fin firma un contrato con un operador, al día siguiente ocurre

algo extraño: ya no ve más anuncios, porque el operador es el dueño de la relación a través de un acuerdo contractual. Cuantos más contratos firme una compañía, más valiosa y rentable será.

Apropiarse de la relación con tus clientes es una estrategia poderosa para lograr un exceso de demanda, y hay tres maneras de conseguirlo:

- **Ser más influyente:** mejora tu capacidad para involucrar a los demás en tus ideas y proyectos o alinéate con quienes ya tienen esa habilidad.
- **Ser más conocido:** amplía tu atractivo a través de los medios de comunicación, eventos, publicidad y otras actividades de creación de marca.
- **Establece acuerdos:** cierra acuerdos duraderos con los clientes y formalízalos en un contrato.

Impulsor número tres: comodidad

El término «fricción del mercado» se refiere al tiempo, la energía, el esfuerzo y los conocimientos necesarios para comprar algo. Así, si es difícil comprar algo, ya sea porque está lejos, se entiende mal o lleva mucho tiempo, el mercado se ralentiza debido a esa fricción.

Si eres capaz de reducir la fricción, atraerás a muchos clientes, pues será cómodo para ellos.

Cuando encuentras formas de simplificar y acelerar el proceso de comprarte a ti, se crea un desequilibrio en el mercado. La gente te compra a ti porque es mucho más fácil que ir a otro sitio. Desde que en 1999 se inició la era de las empresas puntocom, hemos visto que muchas compañías exitosas han prosperado al llevar un negocio tradicional al mundo digital. Redujeron la fricción o, dicho de otro modo, aumentaron la comodidad del cliente.

Amazon casi asestó un golpe mortal a las librerías tradicionales porque volvió mucho más fácil comprar un libro. El libro es el mismo tanto si lo compras en una tienda como por internet, pero la facilidad y sencillez de Amazon lo convierten en la opción preferida. Netflix acabó con las tiendas de alquiler de vídeos con su propuesta de llevar las películas a tu casa sin tantas complicaciones.

La comodidad o menor fricción se produce de tres maneras:

- **Mejor distribución:** cuando una empresa pone un producto a disposición de sus compradores con menos energía, esfuerzo o tiempo requeridos.
- **Mejor información del mercado:** a medida que se dispone de más información, los líderes del mercado dejan paso a los seguidores. Esto también ocurre cuando un comprador no necesita investigar tanto las opciones disponibles.
- **Automatización:** cuando las cosas suceden más rápido o en piloto automático, lo que puede incluir nueva

maquinaria o sistemas automatizados, ya sea en línea o fuera de línea.

Impulsor número cuatro: precio

La última forma de crear más compradores que vendedores es abaratar el coste de producción para ofrecer algo más barato que los demás y, aun así, obtener beneficios.

Muchas pequeñas empresas de servicios compiten en precio porque no tienen los elevados gastos generales de las grandes empresas. Pueden dirigir su negocio desde la habitación de invitados, aprovecharse de las tendencias del mercado, utilizar un *software* barato, mantener los costes bajos…, y a pesar de eso consiguen mejores ingresos que si estuvieran sentados en un lujoso despacho en una gran ciudad con una marca cara a sus espaldas.

Las grandes empresas solían dominar los precios bajos porque podían permitirse invertir en instalaciones y equipos que creaban una barrera de entrada. Sin embargo, gracias a la «economía colaborativa» actual, la mayor parte de las instalaciones y otros equipos están a disposición de las empresas más pequeñas cuando los necesitan, y no son un problema cuando no las necesitan.

Las empresas cuentan con muchas estrategias o inversiones inteligentes que pueden hacer que los precios se mantengan bajos. Una pequeña empresa puede comprar un proyector en lugar de alquilar uno cada mes. Una empresa más grande puede encontrar una forma innovadora de gestionar su almacén lejos de la costosa zona inmobiliaria de la ciudad. Un proveedor de servicios puede descubrir el modo de eliminar un componente de su proceso que consume mucho tiempo sin que eso afecte al valor que recibe el cliente.

Cuando Andrew Lloyd Webber creó varios espectáculos de éxito, ganó mucho dinero, que utilizó para comprar los principales teatros de Londres. Al ser dueño de tantos teatros, hoy en día ya no tiene que escribir él mismo las obras; si quieres que tu obra se represente en Londres, tendrá que ser en uno de sus teatros. Además, puede permitirse representar sus propias obras a un coste menor porque es el propietario de los locales.

Existen tres formas de reducir costes y mantener los márgenes:

- **Invertir:** invertir de forma inteligente en activos que creen una barrera natural de entrada te permitirá reducir costes y mantener los márgenes. Ser propietario de tus locales o comprar equipos cuyo alquiler es caro son formas de mantener los precios más bajos.
- **Perfeccionar:** identificar y eliminar ineficiencias en los costes que no aportan valor al cliente permitirá mantener amplios márgenes mientras los precios bajan.
- **Sistematizar:** utilizar sistemas y tecnología en lugar de personas es un modo eficaz de mantener los gastos generales bajos y los márgenes altos.

Cuando establezcas tu negocio a largo plazo con un grupo de personas, asegúrate de que entienden en cuál de estas cuatro posiciones de mercado eres más fuerte. En última instancia, la gente querrá acudir a ti porque les ofreces algo original y nuevo, eres su aliado más fiable, es muy fácil tratar contigo o eres un poco más barato que la competencia.

PRINCIPIO 4

LA GENTE COMPRA CUANDO SE DAN LAS CONDICIONES ADECUADAS

La gente no compra necesariamente por razones lógicas, o incluso emocionales; a veces las personas se sienten muy seguras sobre un producto, saben que las ayudaría a resolver un problema y, aun así, no lo compran. La gente compra porque se dan las condiciones adecuadas, y el comportamiento de compra se ve estimulado por el entorno en el que esta se realiza.

Tú creas las condiciones

Como australiano residente en Londres, me encanta volver a Australia tan a menudo como puedo. En una ocasión, nuestro equipo decidió que impartiera un taller de dos días sobre el tema del *marketing* de campañas en Sídney y Melbourne. Decidimos enseñar algunas lecciones con la forma en que sacamos a la venta las entradas al evento.

En lugar de poner las entradas a la venta de inmediato, aconsejé a nuestro equipo de *marketing* que utilizara uno de los principios que enseñamos en ese taller: la «transparencia de la tensión entre la oferta y la demanda».

Enviamos un correo electrónico a nuestra lista de contactos en Sídney y Melbourne para informarlos del evento y les pedimos que clicaran en un enlace a un grupo de Facebook para mostrar su interés por asistir. También les pedimos que comentaran las fechas y el lugar que más les convenían. Explicamos que el taller costaría 795 dólares por persona y que cada uno tendría un límite de sesenta y cinco personas porque estaba diseñado para ser muy interactivo. Informamos asimismo de que solo nos comprometeríamos a organizar el taller si había al menos cincuenta personas interesadas en cada ciudad.

En cuarenta y ocho horas, más de ciento setenta y cinco personas habían publicado en el hilo de Facebook que estaban interesadas y dispuestas a pagar el precio. Además, muchos preguntaban si podían llevar también a su equipo de *marketing*.

Entonces comunicamos al grupo que al día siguiente a las nueve de la mañana pondríamos a la venta las entradas y que solo habría ciento treinta entradas en total, incluidos los miembros adicionales del equipo que la gente quisiera llevar. Al final del primer día, todas las entradas se habían vendido y pagado en su totalidad. Antes incluso de que reservara mi vuelo desde Londres, ya teníamos cien mil dólares en el banco y lista de espera. Menos de tres semanas después de hablar por primera vez sobre la idea, el dinero estaba en el banco y los talleres se habían agotado (cuatro meses antes de mi viaje).

Además, así demostramos dos importantes principios en acción. El primero es, como ya he mencionado, el poder de la transparencia de la tensión entre la oferta y la demanda. La gente podía ver que más de ciento setenta y cinco personas habían publicado en el hilo de Facebook, y, si se fijaban bien, podían darse cuenta de que muchos querían llevar a varios invitados. Al dar razones genuinas sobre por qué solo podíamos admitir a un total de ciento treinta personas, quedó claro que había un exceso de demanda de estos talleres y que la gente tenía motivos de peso para pasar a la acción.

El segundo principio es que una empresa puede crear sus propias condiciones. No hay ninguna regla que diga que tienes que aceptar todas las ventas, que la gente puede comprar en el último minuto o que la gente puede hacer clic en un enlace y comprar una entrada cuando le apetezca. Puedes crear tus propias reglas sobre cómo la gente compra, qué tiene que hacer primero o cuándo tiene que pasar a la acción.

Si el equipo hubiera recurrido a la misma base de datos e intentado vender las entradas persona por persona, no creo que hubieran llenado los talleres en un mes, y mucho menos en diez días. Es probable que la gente hubiera optado por inscribirse más cerca de la fecha o que hubieran dicho: «Avísame cuando empiece a llenarse». La energía se habría perdido, el impulso no habría ganado tracción y el equipo habría tenido que trabajar mucho más para obtener el mismo resultado.

Las masas se mueven cuando se dan las condiciones adecuadas. Intentar que un miembro del rebaño corra hacia delante es difícil a menos que forme parte de una estampida. Crear las condiciones adecuadas para tal estampida requiere planificación y estrategia.

Tu objetivo no es atraer a las personas de una en una y cuando les apetezca, sino crear las condiciones para que la gente quiera pasar a la acción.

La gente no compra lo que otros quieren vender, sino lo que otros quieren comprar

Las Galerías Lafayette, unos grandes almacenes parisinos, es uno de los lugares más famosos del mundo para comprar moda y accesorios de alta gama. En su interior hay una zona exclusiva de bolsos Chanel, pero los clientes no pueden entrar sin más; tienen que hacer cola en la entrada. Luego pasa un dependiente y te pregunta qué quieres ver en la tienda. La espera no acostumbra a ser muy larga, unos diez minutos más o menos, y los dependientes son muy agradables. Una vez dentro, te alegras de poder echar un vistazo a una gama muy limitada de bolsos de diseño.

Miras a tu alrededor, ves algo que te gusta y te sientes increíblemente afortunado de poder tenerlo por fin en tus manos. No te tomas demasiado tiempo; hay gente esperando detrás de ti y no pueden entrar en la tienda hasta que hayas terminado. Te decides y te llevas un bolso a un precio con el que podrías comprarte un juego completo de maletas (y puede que también el billete de avión adonde quiera que vayas). Los dependientes te dan las gracias y te marchas orgulloso mientras disfrutas de la adoración de la gente que espera la misma oportunidad.

Fuera, a solo tres calles, hay una tienda llena hasta los topes de bolsos, cinturones, zapatos y bisutería. Un hombre en mitad de la calle grita en parte en francés y en parte en inglés que su mercancía está de oferta, que es barata y que está a mitad de precio. La gente trata de ignorarlo, esquiva la tienda y finge no darse cuenta de su desesperación. Echan un vistazo al interior y se dan cuenta de que la tienda está casi vacía, aparte de algunos turistas mayores que, con suerte, están demasiado sordos para dejarse intimidar por los gritos.

Los bolsos de ambas tiendas no son tan diferentes. Está claro que los bolsos auténticos de Chanel cuestan un poco más de hacer y duran un poco más, pero, si los extraterrestres aterrizaran en la Tierra y tuvieran que determinar cuál es mejor,

YO LO LLAMO EL EUROCHANNEL...
LO COMPRAS EN PARÍS Y
TE LO LLEVAS A LONDRES

les costaría entender por qué un bolso es mucho más deseable que el otro.

Hay, por supuesto, una gran diferencia: los precios. Los bolsos de marca cuestan cincuenta veces más que los de la tienda de la calle. Y, sin embargo, la gente hace cola para comprar en la tienda de marca, mientras que la otra, que apenas vende a su coste de producción, no logra llamar la atención de nadie.

La razón es que la gente no compra lo que otros quieren vender, sino lo que otros quieren comprar. Compramos propiedades que están en ubicaciones privilegiadas. Compramos ropa que está de moda. Contratamos empresas de consultoría que utilizan otras marcas aspiracionales. Invertimos en empresas a las que otros inversores respaldan. A pesar de eso, muchas empresas cometen el error de hacer todo lo posible para demostrar lo mucho que quieren vender algo. Abren tiendas por todas partes, bajan los precios, gritan por las calles que tienen productos «baratos» para vender.

Los proveedores de servicios aceptan clientes sin poner límites. Responden a llamadas a altas horas de la noche, aceptan pagos con retraso e incurren en gastos adicionales. Si no contestan al teléfono, en su mensaje de contestador se disculpan y prometen devolver la llamada lo antes posible. Todo en el típico proveedor de servicios grita: «Haré lo que sea por conseguir una venta».

Pero cuantas más empresas hacen eso, más desaniman a la gente. Cuanto más ve un comprador potencial que estás desesperado por vender algo, más se pregunta por qué estás tan desesperado.

Tu objetivo es dar un gran valor a lo que haces, trabajar con personas que lo reconozcan y superar sus expectativas. Fija tus límites, establece tus condiciones y protege tu espacio para poder ofrecer algo especial.

La clave está en poner algo a disposición de la gente sin forzarla; generar resultados sin destruir la tensión entre la oferta y la demanda. La gente quiere pruebas sociales; quiere ver que otros te compran, que otros te valoran y que otros te recomiendan. Y la forma más poderosa de hacer que algo esté disponible es reafirmar el valor del producto, no su disponibilidad.

Suele juzgarse el producto por las personas que lo compran

El sol se pone sobre el agua, un DJ pincha una lista impresionante, hay gente guapa bailando, *sushi* fresco y una larga cola en la entrada de la discoteca Nikki Beach de Mallorca. A pesar de haber pagado una barbaridad, te sientes afortunado de formar parte de esta atmósfera eléctrica. Por un breve instante, te sientes en el centro del universo mientras disfrutas de lo que te rodea.

Entre la multitud de gente, seis magníficos miembros del personal atraviesan la pista de baile. Llevan en las manos una gigantesca cubitera plateada con una botella de champán. Junto a la burbujeante bebida, unas bengalas gigantes inundan la pista de baile con un miniespectáculo de fuegos artificiales.

La botella llega a la mesa, se descorcha, las bengalas chisporrotean y el DJ saluda a tu grupo mientras chocáis las copas. Quizá sean los trescientos euros que más tontamente te has gastado nunca, pero todos estáis encantados, y ahora todo el club quiere también una botella de champán.

Esta discoteca entiende lo que significa celebrar a sus clientes. No necesitan tratar de vender champán con vendedores prepotentes; en su lugar, han centrado la atención en sus clientes y han hecho de su producto, y de la experiencia de tomarlo, algo a lo que aspirar.

Pero la mayoría de las empresas no hacen eso. Se centran demasiado en las personas que aún no les han comprado. Piensan sin cesar en los que no les compran. Los persiguen y se gastan una fortuna en tratar de convencerlos de que gasten su dinero. Pero, en cuanto alguien compra, se olvidan de inmediato de él. El mantra de la mayoría de las empresas parece ser: «Ya tenemos tu dinero, ahora a por la siguiente venta».

En cambio, las empresas con exceso de demanda no piensan así. Entienden que, si tratas a tus clientes como personas con aspiraciones, mucha más gente también querrá ser como ellos.

Celebra a tus clientes. Conviértelos en las estrellas de tu espectáculo. Hazte famoso con sus historias de éxito. Reúne todo el dinero que quieres gastarte en conseguir un nuevo cliente y gástatelo en celebrar a tus clientes actuales. Ponlos en lo alto de un pedestal para que todo el mundo los vea.

Construimos nuestro negocio al compartir las historias de éxito de nuestros clientes. En cuanto la gente oyó hablar de los casos de éxito de nuestra clientela, empezaron a llamarnos para ser los siguientes. Los subíamos al escenario en nuestros eventos, los grabábamos contando su historia, colgábamos esos vídeos en nuestro canal de YouTube y creamos materiales impresos que hablaban de sus negocios, no de los nuestros. Utilizábamos nuestro presupuesto de *marketing* para organizar eventos exclusivos para nuestros clientes, a los que los nuevos clientes potenciales no podían venir.

En lugar de vender tu propia idea, vende la de tus clientes. Ayúdalos a crear una gran historia de éxito y preséntala. Trátalos como a celebridades y deja que atraigan a multitudes. En la mayoría de los sectores, si te centras de verdad en el éxito de tus clientes, destacarás como un faro y, en consecuencia, conseguirás un exceso de demanda.

Ten a tus clientes en la más alta estima. En lugar de completar una transacción y luego buscar al siguiente comprador, dedica tiempo a cuidar de la persona que acaba de comprar tu producto o servicio. Tómate el tiempo de asegurarte de que esa persona se siente bien con su compra y de que recibe más de lo que esperaba. No te precipites; construye la relación.

Muchas empresas creen que pueden construir una marca sobre la base de lo que dicen de sí mismas, de su aspecto y de las personas a las que se dirigen. Pero los consumidores forman su imagen sobre las marcas en función de quiénes las compran. Harley-Davidson perdió el favor de los entusiastas de las motos cuando quedó claro que los «contables de cuarenta y tres años» compraban el producto para hacerse los duros. Te guste o no, cada comprador es un embajador de la marca que informa al mercado de a quién va dirigido su producto.

Si la gente se siente bien al comprarte a ti, hablará con otros de que te compró a ti. Cuando les cuenten que te compraron a ti, otras personas como ellos también querrán comprarte a ti. Cuando la gente quiera comprarte, estás en el buen camino para convertirte en un superventas.

La gente no compra lo que necesita, sino lo que quiere

Singapur tiene una de las mayores densidades de población del planeta y a su Gobierno no le gustan demasiado los coches. Por eso, aplica un impuesto altísimo a los vehículos para disuadir a la gente de comprarlos. Un coche básico en Singapur cuesta más que uno de lujo en Reino Unido o en Estados Unidos. En Singapur no hay largos tramos de carreteras sinuosas y pintorescas, y el límite máximo de velocidad es de solo 90 kilómetros por hora.

A pesar de todos estos datos, Singapur vende más Ferraris por persona que casi cualquier otro país.

Nadie allí *necesita* un Ferrari. De hecho, es un coche ridículo en ese país. No hay un solo lugar en la isla donde sea divertido conducir un Ferrari; en Singapur, es casi imposible pasar de segunda velocidad con un supercoche. Así que, teniendo en cuenta que es también uno de los lugares más caros para comprar un coche como este (unas cuatro veces más que en el Reino Unido), ¿por qué tanta gente los tiene?

Los compran porque *quieren uno*.

La gente no compra lo que necesita o lo que debería; compra lo que quiere.

Los singapurenses que han ganado mucho dinero quieren un Ferrari, y eso es lo único que importa. Tanto da lo poco adecuado que sea este coche, lo caro que sea o lo mucho más cómodos que estarían en un sedán. No importa lo que necesitan, sino lo que *quieren*.

Puedes arruinarte si tratas de decirle a la gente lo que necesita. En cambio, te irá mucho mejor si descubres lo que la gente quiere y averiguas la forma de proporcionárselo. La nece-

sidad es lógica y el deseo es emocional. Las emociones siempre ganan, incluso con las personas más inteligentes.

La gente no gasta mucho dinero porque *necesite* una pluma Montblanc, un reloj Rolex, una inversión inmobiliaria en Londres o unos pantalones de yoga Lululemon ceñidos al cuerpo, sino porque los *quiere*.

Por lo tanto, si presentas tu empresa, tus productos o tus ideas como algo que la gente necesita o debería tener, corres un riesgo enorme. Por mucha razón que tengas, quizá no consigas el cliente. Piénsalo: nadie tuvo que hacer una campaña de *marketing* para que la gente se deshiciera de sus VHS y empezara a comprar DVD. Solo queríamos películas de mejor calidad.

Conozco un negocio de salud que cometió el error de tratar de explicar a la gente lo que tenía que hacer para mejorar su bienestar general. Hablaban de cambiar la dieta de forma radical, de someterse a entrenamientos de alta intensidad y de ayunar durante periodos prolongados. Aunque mucha gente estaba de acuerdo con ellos, lo cierto es que no les hacían ni caso. En su lugar, compraban la píldora, la liposucción o el producto de última moda. Ese mismo negocio despegó cuando empezó a hablarle a la gente de lo que *quería*. El lenguaje cambió, la conversación cambió y la energía para comprar también cambió. Lo que no lo hizo, en cambio, fue el *producto en sí*. La oferta consistía en la misma afiliación al gimnasio, el mismo plan de alimentación y los mismos hábitos positivos, pero, como se presentaban en consonancia con un deseo y no con una necesidad, empezaron a venderse.

El cambio social funciona de la misma manera. Los expertos coinciden en que es probable que el mundo necesite adoptar una dieta vegetariana, pero en realidad no quiere. Hasta que una empresa nos haga desear comer menos carne, no pararemos. El mundo necesita llevar agua potable a mil millones de personas, pero en realidad no quiere. Solo cuando la gente anhele convertirlo en una realidad, sucederá. El mundo tiene que dejar de poner supermodelos de talla cero retocadas con Photoshop en vallas publicitarias y revistas, pero en realidad no quiere. Cuando nos sintamos atraídos por una imagen más realista de la belleza, los vendedores de moda cambiarán. El mundo necesita dejar de producir tanto plástico, pero en realidad no quiere. Cuando alguien logre que queramos echar productos sostenibles al carrito, veremos menos plástico.

Todas estas cosas no ocurrirán a menos que la gente *quiera hacerlas,* por mucho que lo necesitemos. Las organizaciones que intentan decirnos lo que tenemos que hacer acabarán por fracasar; las que hacen que el cambio social sea deseable, interesante, guay y divertido ganarán.

Charity: Water es una organización sin ánimo de lucro fundada en 2006 por un ex promotor de discotecas, Scott Harrison, que comprendió el poder de las marcas y el respaldo de los famosos. Scott contrató a algunos de los mejores diseñadores del mundo, a especialistas en *branding* y a gente muy famosa para convertir su concepto en algo con lo que la gente quisiera asociarse. A continuación, creó una campaña ultramoderna sobre el concepto de donar tu cumpleaños a la causa. Los participantes recaudan dinero para que en África tengan agua potable, para lo cual en sus redes sociales solicitan una donación en lugar de un regalo. Esta sencilla idea, combinada con una experiencia de marca excepcional, se ha convertido en una organización benéfica que recauda más de sesenta millones de dólares al año para su misión de sacar a la gente de la escasez de agua. También ha inspirado a cientos de otras organizaciones benéficas a mejorar sus estrategias y a apelar a los deseos y las aspiraciones de las personas en lugar de a su culpa y vergüenza.

Tanto si te dedicas a dirigir un negocio como a crear un movimiento social, la clave de tu éxito es aprovechar los deseos de la gente en lugar de sus necesidades. Pregúntales qué es lo que quieren y luego constrúyelo tal como ellos quieren. Explícaselo en el contexto de lo que quieren. Después, ofréceles lo que necesitan.

La gente compra algo porque se dan las condiciones adecuadas. Incluso cuando el producto es el mismo, los resultados de las ventas pueden variar mucho si el entorno de compra no está alineado con la forma en que a la gente le gusta actuar. Como un velero que necesita el viento, toda venta necesita el entorno de compra adecuado. La única diferencia es que tú controlas el clima cuando se trata de crear un entorno de ventas que funcione.

PRINCIPIO 5

SÉ DIFERENTE Y ESTABLECE
TUS PROPIAS REGLAS

No importa lo que hagas, los productos siempre competirán en precio. Los productos son elementos básicos fáciles de comparar con otras alternativas. Son banales, comunes e intercambiables. Las empresas con exceso de demanda se aseguran de ofrecer algo único, contrario o diferente que las haga difíciles de comparar con cualquier otra del mercado.

Si haces lo que hacen los demás, conseguirás lo mismo que los demás. Las empresas que superan al resto suelen destacar porque se apartan de las normas convencionales de su mercado y hacen las cosas a su manera. Tienen el valor de jugar con sus propias reglas.

El poder de la filosofía

Pete Evans es un célebre chef australiano seguido por cuatro millones de personas cada semana. Tiene una filosofía sobre la comida: cree que debe ser sana y deliciosa, y que nuestra dieta moderna procesada no funciona porque nuestros cuerpos han evolucionado sin esas cosas; cree que la comida tiene el poder de curar o transformar el cuerpo y que los alimentos procesados están enfermando y engordando a la gente; cree que todo el mundo tiene una «zona de confort culinario» y que merece la pena salir de ella y preparar cosas que nunca se han probado.

La filosofía de Pete sobre la comida polariza a la gente, sobre todo a los medios de comunicación australianos. Algunas personas están de acuerdo con él y se han convertido en fieles seguidores, y otras piensan que es demasiado extremista y le llevan la contraria. Cuanto más fiel se mantenga a su filosofía, más seguidores atraerá y más detractores tendrá que enfrentar.

De vez en cuando, Pete y yo hablamos de sus comentarios en los medios de comunicación y la respuesta siempre vuelve a su filosofía. Cuanto más habla de sus creencias sobre la comida de forma accesible, más personas se convierten en sus fieles seguidores. En lugar de centrarse en las personas a las que no les gusta, se centra en las que sí. Crea recetas para ellos, escribe libros para ellos, encuentra productos para ellos y organiza eventos con ellos.

No se gana nada siendo aburrido, simple, común e intentando agradar a todo el mundo. Por un lado, es imposible, y por otro, intentar ser parte del rebaño no te llevará más que *al* mercado. Y ya sabes que el objetivo es crear *tu propio* mercado y compartir tu filosofía con él.

Tu filosofía está formada por tus creencias y opiniones. Es tu forma de ver la vida y no tiene por qué gustarle a todo el mundo. Se basa en tu visión del futuro, tu historia del pasado, tus máximas y los valores que más resuenan en ti.

Si estuvieras sentado junto al fuego con un amigo hablando de la vida, el mundo, las amistades, la familia y las duras lecciones que has aprendido, saldría a relucir tu filosofía. Si ambos compartierais sin tapujos lo que creéis, acabaríais construyendo un vínculo más fuerte como amigos.

Las personas que solo comparten las características, ventajas y beneficios de sus productos se encierran en sí mismas. Se convierten en un vendedor más que intenta vender una mercancía. Cuando tienes el valor de compartir tu filosofía, te conviertes en el defensor de una causa o en el líder de un movimiento.

El capitán Paul Watson, activista medioambiental, tiene la filosofía de que hay que proteger el medio ambiente usando la fuerza bruta. Está dispuesto a ir a las gélidas aguas de los océanos meridionales y ponerse a sí mismo y a la tripulación del *Sea Shepherd* entre un barco ballenero y una ballena jorobada. No todo el mundo cree en su planteamiento, pero sí un número suficiente de personas para que pueda mantener su flota de barcos rebeldes.

Warren Buffett tiene una filosofía a la hora de invertir. Oprah Winfrey tiene una filosofía sobre los contenidos televisivos. Richard Branson tiene una filosofía a la hora de construir su equipo y su marca. El multimillonario tecnológico Elon Musk tiene una filosofía sobre por qué es importante ir a Marte.

Cuando desarrolles una filosofía clara y la expongas al mundo, empezarás a crear vínculos más fuertes con tu propio mercado. No todo el mundo estará de acuerdo contigo, por supuesto, pero si mil personas están de acuerdo contigo, tendrás mil personas que serán *tu* mercado. Si no tienes filosofía, parecerás soso y como cualquier otro producto de tu mercado. Y, por lo tanto, vuelves a competir en precio.

¿Cuál es tu filosofía? ¿Qué te hace confiar ciegamente en tu proyecto? ¿Qué defiendes? ¿A qué *te opones?* ¿Cuál es el cambio que quieres ver en el mundo?

Cuanto más claro seas a la hora de responder a estas preguntas, más cerca estarás de ser superventas.

No pasa nada por fracasar

«¡La ballena del mensaje de error!», refunfuñé. Había escrito un tuit y había pulsado «enviar», pero en lugar de ver que mi tuit llegaba a todo el mundo para ser retuiteado, apareció la maldita foto de una ballena y unos pájaros junto con el mensaje: «No podemos hacer frente a la demanda actual».

Estoy seguro de que no fui el único que se preguntó por qué este sistema básico de mensajería se estropeaba siempre en 2009. Teniendo en cuenta que Facebook se las arreglaba muy bien con mensajes, imágenes, vídeos, eventos y «me gusta» por aquel entonces —y que todo lo que Twitter tenía que hacer era capturar ciento cuarenta caracteres y enviarlos al mundo—, a menudo me preguntaba, ¿cómo de difícil podía ser?

Sin embargo, ¿crees que la «ballena del fracaso» me hizo querer usarlo menos? Por extraño que parezca, no. En cambio, le dio a Twitter cierto misterio, ya que le indicaba al mercado que la plataforma tenía tanta demanda que casi no podía con todos los que querían usarla. En resumen, Twitter estaba saturado.

Hay algo muy poderoso en ser «incapaz de hacerle frente a la demanda» y, sin embargo, la mayoría de las personas y empresas intentan ocultarlo. En lugar de fingir que eres un superhombre cuando estás demasiado ocupado, dile a la gente que estás al completo y que físicamente no puedes con ello. Sé educado y alegre, pero sé sincero.

Explícaselo a tus clientes. Diles que te encantaría trabajar con ellos, pero que ahora mismo no hay espacio suficiente en tu oficina para contratar a más personal, o que sigues quedándote sin los suministros que necesitas. Diles que hay un problema causado por el exceso de demanda, que estás trabajando para solucionarlo lo antes posible y que vuelvan a intentarlo pronto.

Te sorprenderá la respuesta que esto genera. Sí, la gente se sentirá frustrada y molesta porque no podrás atender su negocio, pero también sentirá curiosidad e intriga.

Una vez llamé a un *coach* empresarial que me había recomendado mucho un amigo. Le dejé varios mensajes y me devolvió la llamada una semana después. Me dijo que se tomaba seis semanas de vacaciones y que le llamara entonces.

Al principio, pensé lo mismo que es probable que estés pensando tú: «¿Qué clase de *coach* profesional no se ofrece a devolverme la llamada? ¿Por qué antepone las vacaciones a posibles nuevos negocios? ¿No debería tener sistemas y procesos que hicieran funcionar el negocio sin él?».

Sin embargo, por extraño que parezca, me puse un recordatorio en la agenda para llamarlo y tuvimos una primera reunión estupenda. Estaba renovado tras sus vacaciones y me explicó que había vuelto y «despedido a tres clientes» con los que ya no le entusiasmaba trabajar porque no le planteaban suficientes retos. Procedió a entrevistarme como cliente potencial y me dio su lista de normas para trabajar con él. También me entregó su calendario de vacaciones con un año de antelación y me pidió que no lo llamara en esas fechas. No se trataba de ningún truco; realmente parecía no inmutarse ante la idea de perder mi dinero.

Me sorprendió, pero también lo respeté, y nos apunté a un programa de *coaching* de cuarenta mil dólares a mí y a mi equipo.

Suena contradictorio: a todos nos han dicho que el cliente siempre tiene la razón. Sin embargo, las empresas con exceso de demanda no lo ven así. Creen que tienen algo de gran valor y que solo pueden entregarlo como es debido en determinadas condiciones que funcionen para ambas partes.

También creen que hay muchas otras personas que quieren valor y prefieren encontrar a alguien que acepte sus condiciones antes que doblegarse para satisfacer las exigencias de los demás.

¿Dónde están los cuellos de botella en tu empresa? ¿Son los sistemas de entrega? ¿El número de altos cargos? ¿Tu propia creatividad?

En tu camino hacia convertirte en una empresa superventas, puede que te convenga ser más abierto sobre tus deficiencias y aplicar con tacto medidas para asegurarte de que no acabas reventando al vender más de lo disponible.

Está bien decir que no

La discoteca más famosa del mundo en los años setenta era Studio 54 en Manhattan. Los propietarios decidieron desde el principio que preferían que el local estuviera vacío a tener a las personas equivocadas dentro. Fueron los primeros en rechazar a gente por llevar zapatos inadecuados o no ser lo bastante glamurosa.

Debes tratar tu negocio del mismo modo: como un club exclusivo. Y, al igual que en Studio 54, debes estar dispuesto a rechazar a gente en la puerta si no encajan.

El «no» es poderoso. Es una palabra que dicen las personas y las empresas que están seguras de lo que hacen y para quién lo hacen.

Solo los mejores restaurantes le dirán que no a una reserva. Solo los mejores asesores comerciales le dirán que no a un cliente potencial. Solo los mejores hoteles le dirán que no a una reserva. Solo los mejores clubes nocturnos rechazarán a alguien en la puerta. Solo las mejores tiendas le dirán a alguien: «No, esa chaqueta no le sienta bien».

Solo los mejores le dirán que no a una persona que quiere un descuento o saltarse las normas. Solo los mejores le dirán que no a un candidato con talento que es *casi* perfecto para el trabajo, pero no del todo. Solo los mejores le dirán que no a un proveedor que cumple casi todos los requisitos, pero no todos. Solo los mejores rechazarán el dinero de los inversores cuando no les parezca bien, a pesar de la cantidad de dinero que estén dispuestos a aportar.

Google tiene más de un millón de personas que solicitan unos pocos miles de puestos al año. Tienen pruebas, juegos, cuestionarios y tareas que reducen el número de candidatos en lo que parece ser una versión intelectual de *Los juegos del hambre*. Solo sobreviven los mejores, y el noventa y nueve por ciento recibe un cortés «no». Al final, los ejecutivos más importantes deben dar el visto bueno a todos y cada uno de los empleados de la empresa; a menudo es el propio fundador Larry Page quien firma las nuevas contrataciones. Google entiende el poder del no; son conscientes de que su futuro depende de ser exigentes.

Netflix tiene una política que establece que los empleados a los que no les guste trabajar para ellos pueden recibir una bonificación de dos mil dólares si renuncian. Animan a los miembros del personal que no estén contentos a que no tarden en ponerle fin a la situación y admitir que no son felices allí, en lugar de alargar el proceso y aportar malas energías al equipo.

Las empresas que llegan a tener un exceso de demanda saben lo que quieren y no tienen problema en decirle que no al resto. Saben quiénes son sus mejores clientes, sus empleados más leales y productivos, los proveedores que quieren utilizar y los inversores que funcionarán. Le dicen que no a todo lo que no les conviene.

El «no» requiere que desarrolles normas estrictas y te ciñas a ellas.

En mi empresa entrevistamos a las personas antes de que se conviertan en clientes y siempre rechazamos a los que no encajan. Sabemos que tenemos que dedicarle tiempo y energía a cada cliente y también sabemos que algunas personas o empresas nos supondrían demasiado trabajo o tendríamos dificultades para ofrecerles un resultado notable. Por ello, si alguien no encaja en nuestro negocio, se lo decimos con educación.

Decir que no también es evolucionar y estar a la altura de tu filosofía.

El minorista de muebles Ikea ha decidido rechazar hacer negocios de una forma que no sea sostenible. Las empresas líderes rechazan a los proveedores que no se preocupan por el medio ambiente. Muchos restaurantes de Asia con visión de futuro están diciendo: «No, aquí no servimos sopa de aleta de tiburón», después de que se descubriera que el noventa por ciento de las poblaciones de tiburones han sido diezmadas para este caldo.

Puede que pierdas algo a corto plazo al decir que no, pero ser exigente te hace mejor y más fuerte a largo plazo.

Ya tienes un radar incorporado que te dice cuándo decir que no. Los problemas vienen cuando lo ignoras, porque incluso cuando tu cabeza te dice: «No aceptes a este cliente, será un auténtico grano en el culo», sigues aceptándolo ya que te ayuda a pagar las facturas.

No es así como funciona una empresa superventas. Una empresa con exceso de demanda sintoniza con esa vocecita y actúa en consecuencia. Una empresa con exceso de clientes dice: «Creo que serías más feliz yendo a otro sitio» y no mira atrás. Saben que decirle no a alguien que no es adecuado para el negocio crea espacio para que aparezcan los clientes perfectos.

Está bien hacer esperar a la gente

Steve Jobs solo llevaba unos minutos en el escenario, pero ya se podía notar el entusiasmo del público. La gente sabía desde hacía semanas que se iba a anunciar un nuevo producto, pero nadie sabía qué iba a ser. Los rumores circularon durante los dos días que duró la conferencia, pero en realidad nadie estaba cerca de la verdad.

Cuando Jobs subió al escenario estaba relajado y tranquilo mientras decía: «Este es un día que llevo esperando durante dos años y medio». Empezó a soltar pistas: «Vamos a lanzar tres productos revolucionarios: un iPod de pantalla ancha con controles táctiles, un teléfono móvil revolucionario y un dispositivo de comunicaciones por Internet revolucionario». Siguió pasando imágenes y, aunque no tenía mucho sentido, algo apareció de repente. «No se trata de tres dispositivos separados, sino de uno solo. Lo vamos a llamar iPhone».

Lo que ocurrió en las semanas siguientes al lanzamiento en 2007 fue asombroso. Millones de personas se conectaron a Internet y encargaron por adelantado este dispositivo, hicieron cola en las tiendas, presionaron a sus compañías telefónicas para que rompieran sus contratos y usaron encantados el dinero que tenían para comprar un teléfono *que nunca antes habían visto.*

Desde el momento de su lanzamiento, el iPhone se ha convertido en algo sin lo que no se puede estar a la moda, y lo ha hecho como ningún otro producto. Se lanzó justo antes de la recesión mundial a un precio alto y, aun así, se agotó en muy poco tiempo y siguió vendiéndose tan rápido como podían fabricarlos.

La verdadera historia no es la del aparato en sí. Se trata de la poderosa manera en la que el producto salió al mercado. Steve Jobs sabía que no pasaba nada por hacerle esperar a la gente. Hizo que esperaran para obtener información y para conocer la fecha de lanzamiento —incluso fuera de la tienda física— antes de poder comprarlo.

Creó un producto innovador y de alta calidad, y recalcó que estaría listo para el mercado cuando él creyera conveniente y ni un minuto antes.

Hacer esperar a la gente no es malo: permite que el hambre aumente, a veces literalmente.

Hay un restaurante llamado Granger & Co. en el exclusivo barrio londinense de Notting Hill que prepara unos desayunos increíbles. Casi todos los días de la semana hay gente haciendo cola en la puerta (a veces bajo la lluvia) esperando a que haya una mesa libre.

Lo interesante de este restaurante es que, una vez dentro, no hay ninguna prisa; todo transcurre a un ritmo relajado. Está lleno, pero no abarrotado. El personal te sienta, te da los menús, vuelve con tu café… y te da todo el tiempo que necesites para tomar una decisión sobre la comida.

Nunca te presionan para que termines y liberes la mesa; puedes sentarte y hablar durante horas si quieres. La comida se elabora despacio con ingredientes frescos y se presenta siempre a la perfección. Supongo que no exigen a los cocineros que lo hagan más rápido: parecen perfectamente dispuestos a dejar que la gente espere fuera mientras ellos hacen su magia dentro.

Si Granger & Co. atiborrara el restaurante de mesas, apresurara la preparación de la comida y presionara a los clientes para que se marcharan al terminar, se perdería la magia. No habría nadie haciendo cola en la calle, y probablemente tampoco habría nadie dentro.

La empresa es consciente de que hacer las cosas bien lleva su tiempo. Nunca hay que sacrificar el nivel de calidad con tal

NO PASA NADA... ESPERARÉ

PRÓXIMAS 7 SEMANAS

de conseguir que otro cliente entre por la puerta. Hacer esperar a la gente transmite el mensaje de que la espera merece la pena.

Las compañías que tienen problemas no hacen esperar por la calidad. Al contrario, utilizan todos los trucos posibles para atraer a la gente a expensas de la experiencia de marca. Aceptan clientes cuando no pueden cumplir con lo prometido, apresuran la entrega y pierden toda la magia para conseguir una simple venta más. Es un enfoque a corto plazo que conduce a problemas a largo plazo.

Está bien llevar la contraria

Jason Graystone montó un negocio a los veinte años y ganó suficiente dinero para jubilarse a los treinta operando en los mercados financieros. Pero, después de varios años, se sintió muy insatisfecho con las estafas y las tonterías que vendían las personas que enseñaban a operar en estos mercados.

Todos los gurús del *trading* dicen lo mismo: operar en los mercados financieros es fácil, cualquiera puede hacerlo, se pueden obtener rendimientos constantes y se puede empezar poco a poco y reponer los ingresos en poco tiempo.

Animado por nuestro acelerador *Key Person of Influence*, Jason empezó a subir vídeos a YouTube compartiendo sus experiencias como *trader*. Le contaba a la gente lo difícil que era y que la mayoría de las personas no deberían hacerlo a menos que tuvieran un cerebro muy analítico. Hablaba sin tapujos sobre que sus rendimientos globales eran más modestos de lo que la mayoría de los nuevos operadores esperan conseguir: si quieres reemplazar tus ingresos necesitarás una cantidad de dinero bastante considerable.

Dijo la verdad sobre la falta de regularidad de sus ingresos comerciales. A veces perdía dinero durante varios meses seguidos antes de ganar mucho dinero en unas pocas semanas. Le ofreció a la gente la oportunidad de verlo operar en directo, hacerle preguntas y obtener respuestas brutalmente honestas.

Todos sus consejos iban en contra de lo que enseñaba el noventa y nueve por ciento de los gurús del *trading* y no eran muy positivos en comparación, pero ocurrió algo extraño. Cientos de miles de personas de todo el mundo empezaron a ver sus vídeos y a hacerle preguntas.

En la actualidad, Jason dirige un negocio de éxito llamado Tier One Trading y, sin apenas invertir en *marketing,* ha creado una comunidad de cientos de *traders* activos en los mercados financieros que se suscriben a sus actualizaciones. Solo acepta a personas con mentalidad analítica que hayan desempeñado antes trabajos técnicos y cualificados, y que tengan un elevado patrimonio neto. También les obliga a hacer un curso sobre inteligencia emocional y cómo olvidar las emociones del pasado antes de que él hable sobre gestión del dinero y mercados financieros. Está tan bien considerado que empresas profesionales de Londres y Nueva York le han contratado para que asesore a sus operadores profesionales, que manejan muchos millones de dólares cada día.

Está bien jugar a un juego diferente al de los demás. Está bien decir la verdad cuando los demás exageran. Está bien ser anticuado cuando los demás intentan ser modernos; está bien

ser caro cuando los demás intentan ser baratos; está bien ser extravagante cuando los demás intentan encajar.

¿Cuáles son las normas que se esperan en tu sector? ¿Qué hace todo el mundo? ¿Qué sería lo contrario y cómo lo harías realmente bien?

Las ideas opuestas son poderosas, desafiar el *statu quo* es poderoso. Si en tu sector todos cobran por horas, crea un precio fijo. Si todo el mundo en tu sector vende componentes, sé la empresa que solo vende paquetes. Si todos presumen de su legado, sé la empresa líder de un pensamiento nuevo y disruptivo. Si la norma del sector es firmar contratos de doce meses con los clientes, sé el primero en ofrecer facturación mes a mes sin cláusula de rescisión. Cobra en función de los resultados, ofrece gratis más cosas por las que todo el mundo cobra o cobra por algo que otros hacen gratis, pero hazlo de forma potente y exclusiva. Es tu negocio y tu integridad, así que tú pones las reglas.

PRINCIPIO 6

EL VALOR SE CREA EN EL ECOSISTEMA

La vida no es sencilla, y los negocios tampoco lo son. Nada funciona por sí solo; todo funciona en conjunto. Los días en los que el mero hecho de ofrecer un gran valor aseguraba buenos ingresos han quedado atrás. Los que cobran bien hoy son los que construyen un sofisticado ecosistema de productos y servicios.

Nada funciona por sí solo

Piensa en cómo gana dinero la multimillonaria Oprah Winfrey. ¿Es por los programas de televisión, las revistas, los libros, el acuerdo de contenidos con Apple o por su participación minoritaria en Weight Watchers?

Oprah gana dinero con sus apariciones en televisión, pero promociona de manera activa programas en los que no aparece. Podría cobrar una fortuna por una conferencia magistral, pero a menudo lo hace gratis si se trata de la causa adecuada. Ofrece muchísimo valor en internet sin cobrar por ello, y dedica mucho tiempo y dinero a colaborar con organizaciones benéficas y causas sociales. Es una de las presentadoras de programas de entrevistas más importantes, pero gana mucho más dinero con acuerdos que no tienen que ver con su trabajo principal. Vende muchos libros y revistas, pero gana más dinero al vender participaciones en sus empresas. Es posible que te preguntes: ¿de dónde consigue el dinero en realidad?

La verdad es que todo forma parte de un ecosistema de productos y servicios que funcionan en conjunto para generar mucho dinero y tener un gran impacto. Es el ecosistema en su totalidad el que crea el valor, NO un solo producto, servicio, sistema o persona.

No puedes tratar de desarmar el ecosistema y medirlo de forma aislada. La revista por sí sola puede parecer una pérdida de tiempo; sin embargo, quizá las revistas supongan una oportunidad única para lanzar nuevos productos. Es posible que te preguntes por qué compra acciones de una empresa antigua con problemas como Weight Watchers, pero entonces las acciones se duplican en veinticuatro horas, cuando se anuncia el acuerdo, gracias a la forma en que puede presentarla en los medios de comunicación. Quizá pienses que está mal pagada por algunos acuerdos de distribución, pero, si tienes en cuenta lo que estos hacen por el valor de sus acciones en otras empresas, puede que lo reconsideres.

Ninguno de ellos funciona por sí solo; todo funciona en conjunto. Tu trabajo consiste en crear un ecosistema extraordinario que ofrezca una experiencia positiva y haga que la gente vuelva a por más.

Compara el enfoque de Oprah con el de la mayoría de los gerentes y propietarios de empresas que conoces. Muchos están frustrados porque su negocio no es sencillo, y me dicen cosas como:

«Ofrezco un gran valor y espero que me paguen por ello. ¿Qué hay de malo en eso?».

«Deberían pagarme mis honorarios si quieren que vaya a hablar en su conferencia. No pueden esperar que trabaje gratis».

«Esto de las redes sociales es una pérdida de tiempo. Lleva muchas horas y no me pagan por hacerlo».

«Haré algo por caridad después de ganar dinero. No tengo dinero de sobra para dárselo a otros; ¡mi negocio lo necesita!».

Estos sentimientos tienen todo el sentido en un mundo altamente simplificado. Pero ese no es el mundo en el que vivimos.

Todo líder empresarial debe reconocer que construir una empresa de éxito exige hacer que un ecosistema complejo parezca que no cuesta esfuerzo y que es congruente. Debe convertir el caos en orden, y hacerlo con estilo. Los empresarios y los líderes ya no pueden limitarse a ofrecer valor y luego esperar recibir una remuneración justa; ese modelo murió hace mucho tiempo. Las empresas de alto rendimiento de hoy en día son ecosistemas de personas, productos, medios de comunicación, *software* y servicios que trabajan en armonía. Son complejas, paradójicas y difíciles de imitar.

No puedes esperar una gran recompensa solo por hacer un buen trabajo. En vez de eso, puedes esperar que te recompensen cuando hayas construido un ecosistema de alto rendimiento que aporte valor de múltiples maneras.

Regala ideas; cobra por ponerlas en práctica

De niño, recuerdo que el despacho de mi padre estaba lleno de cintas de casete blancas en coloridas cajas plastificadas en cuya parte delantera había fotos de hombres trajeados. Tenía algunas sobre fijación de objetivos, *marketing,* gestión del tiempo y relaciones. En los años ochenta y noventa, esas cintas no eran baratas; de hecho, cada juego costaba cientos de dólares.

Estábamos en la era de la información, y la información era muy valiosa y difícil de conseguir. Y encontrar a alguien que compartiera ideas de *calidad* era aún más difícil. Los gurús de todos los sectores vendían informes especiales, seminarios en audio, documentos, suscripciones y manuales a montones. En aquella época había una sensación de ansiedad ante la posibilidad de que otra persona tuviera acceso a más información que tú y que te perdieras algo grandioso por estar ocupado en otra cosa.

Pero entonces algo cambió. Aparecieron Google, YouTube, WordPress, iTunes y, de repente, todo el mundo estaba ahogado en información. En 2010, la cantidad de información gratuita y fácilmente accesible era infinita. Podías descargar cualquier documento que quisieras, encontrar cualquier dato con solo pulsar un botón, ver ilimitadas horas de vídeo sobre cualquier tema y escuchar *terabytes* de pódcast de audio de alta calidad de forma gratuita.

Después de 2010, la ansiedad que la gente sentía se transformó en la sensación de tener *demasiada* información disponible y no el tiempo suficiente para hacer algo con ella. El *valor* de la información había caído por los suelos, mientras que el valor de hacer las cosas había subido por las nubes.

Hoy en día, la oficina de mi padre está ordenada. Tiene algunos de sus libros favoritos, pero, aparte de eso, quiere evitar distracciones para poder dirigir su negocio. Cuando necesita saber algo, solo tiene que conectarse a internet.

Sin embargo, esto no es evidente para algunas personas. Hay gente que todavía cree que su conocimiento es más valioso y que debería ganar dinero con él: aún tratan de ganar dinero con libros electrónicos, descargas, cursos en línea y programas de audio, y se niegan a reconocer que el mundo ha cambiado.

El nuevo modelo es bastante sencillo, y solo requiere un pequeño cambio. Hay que ofrecer la información de forma gratuita o barata y luego cobrar por el trabajo de *ponerla en práctica*.

Por mi parte, no tengo ningún problema en compartir mis ideas en libros y blogs. No me guardo nada; si tengo una buena idea que merece aparecer en un libro o un blog, la subo para que todo el mundo la vea. El resultado es que la gente lee lo que pienso y quiere ponerlo en práctica. A menudo recibo correos electrónicos de personas que tienen un presupuesto preparado y quieren que mi empresa las ayude a implementar las ideas que han leído (si quieres, puedes enviarme un correo a daniel.priestley@dent.global).

Puedes ver que esto ocurre con éxito en muchas grandes empresas. La marca de ropa de yoga de alta gama Lululemon tiene mucha información sobre el deporte en su página web. Puedes leer, escuchar, ver o hacer cosas en su página durante días. Puedes incluso ir a la tienda física y asistir a una clase gratis. Cuando llega el momento en el que deseas dedicarle más tiempo al yoga, entonces vas a su tienda y compras la ropa que necesitas.

Reflexiona sobre el espectro de valor que tu empresa podría ofrecer:

- **Información o ideas:** a la gente le encanta aprender, pero se ahoga en ideas, información, recetas y estrategias. Hoy en día podrías darle a la gente los planos de un bombardero furtivo y los perderían en su carpeta de «Descargas». La información y las ideas son perfectas para ofrecérselas a los clientes potenciales y demostrarles que tu empresa es líder de pensamiento. Sin embargo, los días de cobrar solo por la información están contados. Ejemplo: un plan de dieta y ejercicio.
- **Componentes:** en este caso vendes los componentes básicos que la gente necesita para crear algo por sí misma, que pueden ser materias primas, servicios básicos o productos normales. Pero tendrás que vender muchos si quieres ganar dinero. Ejemplo: un juego de pesas de entrenamiento.
- **Supervisión:** es la forma más baja de trabajo de implementación que puedes ofrecer. Consiste en que tu empresa supervisa de cerca y de forma continuada el trabajo del cliente para conseguir un resultado. Ten en cuenta que, a menos que desempeñes un papel activo en el proceso continuo del cliente y lo ayudes a obtener

los resultados que desea, corres el riesgo de caer en la venta de ideas. Si no hay una verdadera responsabilidad o personalización, este tipo de aplicación perderá su valor. Ejemplo: un gimnasio.

- **Hecho contigo:** esto tiene un valor moderado para tus clientes, y ocurre cuando tus clientes y tú trabajáis juntos para crear un resultado. Ellos aportan una parte del trabajo y tu empresa, la otra. Ejemplo: un entrenador personal.

- **Hecho para ti:** se trata de una solución en la que tu empresa ofrece una respuesta total y completa a un problema que tu cliente necesita resolver. Sin duda, es la opción más valiosa para un cliente, porque implica muy poco de su tiempo o energía creativa para obtener un resultado. Ejemplo: liposucción.

Cuanto más asuma tu empresa la responsabilidad de ofrecer un resultado, con poca o ninguna aportación externa, más valor creará. Vemos productos de soluciones en una gran variedad de sectores, como las telecomunicaciones, el *software,* los préstamos, los servicios financieros y muchos otros. Son soluciones listas para usar; puedes comprarlas y no se requiere ninguna otra aportación por tu parte para ponerlas en práctica.

Casi todas las industrias ofrecen diversos productos a todos los niveles. Cuanta menos energía se requiera del cliente, más valioso será el producto. Siguiendo con el ejemplo anterior, si

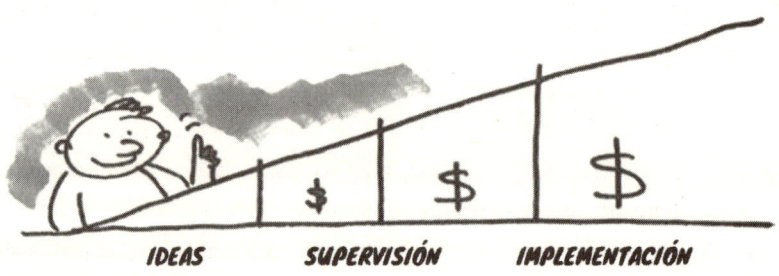

IDEAS   SUPERVISIÓN   IMPLEMENTACIÓN

quieres perder peso, puedes comprar un libro por veinte dólares o pagar quinientos por una suscripción a un gimnasio, tres mil por un entrenador personal o quince mil por una liposucción.

Tu empresa debe ofrecer varios productos, y cubrir todas estas categorías. Debe formar parte de un ecosistema de productos y servicios.

Debes ser consciente de que el valor se ha desplazado de la información a la implementación. No te arruines al intentar vender información; gana millones al ofrecerla gratis y luego cobrar por llevarla a cabo.

Es más fácil subir pequeños escalones que saltar grandes muros

Justo después de la quiebra de las puntocom, en 2001, los inversores estaban temerosos: habían perdido mucho dinero en empresas tecnológicas y no querían perder más. De modo que el momento no podía ser peor para Matthew Michalewicz, un joven empresario que necesitaba reunir tres millones de dólares para poner en marcha una potente empresa de informática con un sólido plan de negocio. Apenas unos meses antes, los inversores habrían aporreado su puerta y le habrían transferido sus fondos tras leer el plan de negocio. Pero en ese momento todo estaba en calma.

Matthew tuvo una idea: en vez de pedir fondos a los inversores, les mostraría el plan y les pediría rellenar un «formulario de manifestación de interés» donde indicaran que les gustaba el plan y que querían más información a medida que se desarrollara. Junto con eso, les pidió que le indicaran una cantidad con la que se sentirían cómodos al invertir en este tipo de negocio. Dejó claro que no había obligación de invertir; tan solo era para tener una estimación.

Al cabo de seis semanas, Matthew tenía manifestaciones de interés por valor de más de cuatro millones de dólares. Había logrado un exceso de demanda. Entonces decidió llamar a todos los de la lista para comunicarles que solo quería recaudar tres millones, pero que tenía inversores decididos a pagar un millón más de lo que pensaba conseguir, y les preguntó si estarían dispuestos a invertir una parte o la totalidad del dinero que habían indicado.

Todos ellos pusieron la cantidad íntegra que habían indicado, y Matthew consiguió los tres millones de dólares antes de poder ponerse en contacto con toda la lista de inversores.

Si hubiera acudido a los inversores para pedirles dinero por adelantado, es probable que hubiera recibido muchas negativas. Nadie estaba dispuesto a invertir dinero tan poco tiempo después de la crisis. Pero, al crear un primer paso fácil, consiguió compromisos no vinculantes que luego, tras asegurarse de que había un exceso de demanda, consolidó.

No es solo una buena idea en tiempos de cautela y austeridad. Esta estrategia también encaja con el comportamiento humano en los mejores momentos. Poner obstáculos hace que la gente no actúe; odiamos asumir grandes compromisos o emprender acciones de las que sea difícil retractarse. Ofrecer un primer paso de bajo riesgo es una poderosa forma de llevar a las personas a moverse en la dirección correcta.

No hace mucho, una consultora acudió a mi empresa con un plan extraordinario. Contaba con más de veinte años de experiencia en el desarrollo de sistemas y en la puesta en marcha de operaciones en una empresa global que yo admiraba. Tenía respuesta para todas mis preguntas; era inteligente, experta y, tras la primera reunión, me entusiasmé con la idea de trabajar con ella.

Una semana después, a petición mía, me envió un plan de colaboración con un presupuesto de seis cifras. Estuve de acuerdo con el valor que ofrecía y con que era la persona más adecuada para ayudarnos, pero me resistía a comprometerme con una suma tan alta en nuestra primera colaboración. A día de hoy, aún no hemos avanzado, porque la decisión era demasiado grande para que mi equipo siguiera adelante. Si nos hubiera propuesto un primer paso de bajo riesgo, ya nos habríamos gastado una fortuna. El hecho de presentarnos un gran obstáculo desde el principio echó por tierra la venta.

Cuando vendas algo de gran valor, como la implementación de una solución completa y excepcional, considera la posibilidad de venderlo en varias etapas. Divide el gran compromiso en una serie de compromisos más pequeños de bajo riesgo.

Innova en el ecosistema, no en la fórmula ganadora

La cantante Alicia Keys cometió un terrible error al tuitear desde su iPhone, un error que podría haber sido uno de los clavos en el ataúd de BlackBerry. Al margen del contenido del tuit, se envió al mundo el mensaje de que incluso la embajadora de la empresa BlackBerry prefería un producto de Apple.

Solo unas semanas antes, el fabricante de la marca, RIM, había firmado un acuerdo con Keys para tratar de que los teléfonos parecieran guais. No había duda de que los ejecutivos habían sufrido el golpe del iPhone, y empezaron a olvidar su fórmula ganadora. Tomaron la decisión de intentar ganar a Apple en su propio juego, algo que, visto en perspectiva, parece una locura.

BlackBerry contrató a Keys para ayudar a diseñar un nuevo dispositivo sexy y elegante, y para decirle al mundo que Black-Berry era el teléfono que ella usaba. Excepto por un detalle: no lo hacía. Tenía un iPhone, como todo el mundo pudo comprobar en las metaetiquetas de sus tuits.

Años antes, se habían alzado con el dominio gracias a una clara fórmula ganadora: la gente no compra una BlackBerry, su empresa se la regala. Los teléfonos de esta marca eran seguros, fiables y compatibles, difíciles de piratear y fáciles de bloquear para un departamento central de informática. Los miembros de los departamentos de informática los recomendaban no porque fueran guais, sino porque encajaba con sus sistemas. A pesar del glamur y la fanfarria del iPhone, eso no haría cambiar de opinión a un director de tecnología que debía comprar y gestionar miles de teléfonos para un ejército de trabajadores.

Seguro, fiable y compatible es una fórmula ganadora que podría haber mantenido a RIM en el negocio durante muchos años, siempre y cuando se hubieran ceñido a ella. Guay, elegante y exclusivo fue la fórmula ganadora de Apple, y nadie en su sano juicio debería tratar de competir con ellos en su propio terreno.

Las empresas que triunfan innovan, *pero* nunca alteran su fórmula ganadora. Innovan el ecosistema en torno a la fórmula ganadora.

El Porsche 911 es, con diferencia, el superdeportivo más rentable del mercado. Porsche innova en nuevos canales de comercialización, nuevos sistemas de fabricación y nuevas comodidades para el conductor, pero no altera lo que siempre le ha funcionado. Su 911 con diseño de rana era precioso en 1963 y todavía lo es hoy en día. Década tras década, los nuevos no se diferencian demasiado de sus predecesores. Porsche sabe que su diseño no está obsoleto, y no es ahí donde hacen cambios radicales.

En las escuelas de negocios de todo el mundo, la palabra *innovación* es sagrada. Es imposible equivocarte al hablar del tema: es algo de lo que cualquiera puede hablar y obtener un acuerdo unánime. Pocos, sin embargo, te dicen en qué *no* hay que innovar.

Si conoces tu fórmula ganadora, no la alteres. Cuando se trata de innovar, tu objetivo es mejorar lo que funciona y crear un ecosistema que lo respalde. Siéntete libre de innovar en extensiones de producto, en mejorar los proveedores, en transformar tus activos digitales para adaptarlos a los nuevos tiempos o en crear una agresiva estrategia de redes sociales, pero no toques la idea central que la gente adora.

Cuando tienes un éxito entre manos, no juegues con él. A lo largo de los años, LEGO ha extendido su marca al cine y se ha asociado con otras marcas de formas muy innovadoras. Pero lo que mantienen inalterable es su sistema de ladrillos; es el núcleo de lo que son, y saben que no deben jugar con él. Las futuras mamás y los futuros papás de todo el mundo esperan jugar con LEGO cuando sus hijos tengan la edad suficiente. La magia se perdería si los ladrillos fueran diferentes de los que tenían cuando eran niños.

Es probable que Roger Federer esté un poco harto del tenis; es probable también que esté harto de ser tan profesional y bien hablado, y seguro que hay días en los que le gustaría jugar al golf o al baloncesto. Apuesto a que a veces le apetece tirar la raqueta, gritarle al árbitro o insultar a su oponente, pero ahora no es el momento de cambiar de juego ni de actitud. Roger Federer es conocido en todo el mundo como uno de los mejores tenistas de todos los tiempos y, más aún, como uno de los mejores deportistas de todos los tiempos por su forma de comportarse en la victoria y en la derrota. Es esa combinación la que lo convierte en uno de los deportistas mejor pagados de la historia.

Roger puede innovar en sus acuerdos de patrocinio, lanzar nuevas líneas de ropa o explorar nuevos tipos de acuerdos publicitarios con marcas. También puede crear páginas web innovadoras o abrir cuentas en las distintas redes sociales. Puede innovar en lo que más le apetezca, excepto en su deporte y en la deportividad que lo caracteriza.

La innovación indisciplinada, motivada por el aburrimiento, es peligrosa. Si en algún momento sientes el impulso inquieto de crear algo nuevo, el primer lugar para innovar es el ecosistema que sustenta tu fórmula ganadora.

PRINCIPIO 7

AJÚSTATE A LA REALIDAD DE LAS PERSONAS, HÁBLALES EN SU IDIOMA

Estás en el negocio de la transformación: llevas a las personas desde su estado actual hacia algo que desean aún más. Si quieres guiar a las personas en un viaje, debes ajustarte a su realidad actual, comunicarte con ellas en un lenguaje que les resuene en ese momento y mostrarles una imagen clara de dónde acabarán si te siguen.

Más datos, más ventas

Las elecciones presidenciales de Estados Unidos son las campañas de *marketing* más disputadas y arriesgadas del planeta. Debemos prestar mucha atención a cómo el candidato ganador transmite su mensaje a los votantes.

En los años treinta, Franklin D. Roosevelt hizo su campaña presidencial por radio. Creó algo conocido como «Fireside Chat» (o 'Charlas íntimas') para hablarles directamente a los votantes de manera regular sobre los temas que les importaban en el mismo momento en que ocurrían. Esta técnica fue revolucionaria en su época, ya que aprovechó una red nacional de emisoras de radio para llevar su voz a todos los rincones del país.

Antes de eso, los presidentes dependían de los periódicos para informar sobre lo que habían dicho, y a menudo los periodistas tergiversaban o cambiaban sus palabras y en muchos casos se perdía el tono de voz y se malinterpretaba el mensaje. La radio nacional resolvió este problema, y Roosevelt fue el primer presidente en aprovechar el poder de este medio de comunicación. En la década siguiente, la radio se convirtió en el canal de *marketing* elegido por las grandes marcas, y la clave del éxito fueron las canciones de los anuncios publicitarios.

En 1960, John F. Kennedy se enfrentó a Richard Nixon en un debate televisado en directo. Nixon no se sentía cómodo bajo las calientes luces del estudio y se limpiaba la frente y los labios cada poco tiempo con un pañuelo. En la radio, un movimiento así habría pasado desapercibido, pero en la televisión Nixon parecía nervioso o estresado. Kennedy, por el contrario, parecía relajado y sereno; había pasado mucho más tiempo en platós de televisión y estaba preparado para el ambiente del estudio. Los que escucharon el debate por la radio pensaron que Nixon había ganado, pero la mayor parte de la población lo vio por televisión, y votó al candidato que actuó para la pantalla.

En la década siguiente, la televisión se convirtió en el principal medio para llegar a los consumidores. Por ello, las marcas trasladaron sus presupuestos de la radio a la televisión, y la clave del éxito pasó a ser dominar el anuncio de treinta segundos.

En 2008, Barack Obama fue el primer candidato presidencial que utilizó las redes sociales como forma de relacionarse con los votantes. Los directores de su campaña habían sido de los primeros empleados de Facebook, y lo impulsaron a adoptar las plataformas en línea. Su página web incluía una sección llamada «Obama Everywhere» ('Obama por todas partes'), en la que había enlaces a sus cuentas de Twitter, Facebook, YouTube y otras redes sociales. Subió y compartió más contenido y respondió a más preguntas que todos los demás candidatos y, como resultado, obtuvo más votos.

En la década siguiente, el *marketing* en las redes sociales se convirtió en el principal medio para que las marcas llegaran a sus clientes. Todas las grandes marcas dirigieron sus inversiones a las mismas plataformas que Obama había utilizado para ganar las elecciones. Para ello, contrataron a especialistas en *marketing* en redes sociales, y, a su vez, las agencias se centraron en la creación de contenido para alimentar la demanda continua de publicaciones en estas plataformas.

En 2016, Donald Trump sorprendió al mundo con su victoria técnica basada en el colegio electoral en vez de en el voto popular. Contrató a empresas de análisis de datos para crear una campaña de *marketing* sin precedentes y, aprovechando una laguna en Facebook, su controvertido equipo de Cambridge Analytica fue capaz de recopilar grandes cantidades de información sobre los votantes que después utilizó para ofrecerles a cada uno campañas específicas en función de sus opiniones.

Para la gente a la que le importaban las armas, lanzó anuncios sobre cómo su oponente era antiarmas. Para aquellos a quienes les gustaba el oponente demócrata de Hillary, Bernie Sanders, Trump lanzó anuncios que los animaban a no votar en absoluto. Centró su dinero en los lugares que más importaban según los datos y la probabilidad de ganar el mayor número de votos del colegio electoral, no en el voto popular. Toda esa información le mostró cómo dirigirse a las personas que lo ayudarían a llegar a la Casa Blanca.

Tras la victoria de Trump, asistiremos a un gran cambio en los presupuestos de *marketing* hacia los datos y la analítica. Las grandes marcas adoptarán la estrategia de recopilar tanta información sobre las personas como puedan para luego dirigir sus mensajes de *marketing* de manera muy específica, según sus preferencias actuales. En el futuro, cada campaña se dirigirá directamente a la persona que la ve.

La hipersegmentación es tu objetivo de *marketing*

El *marketing* hipersegmentado presenta un panorama empresarial completamente nuevo, que traspasa todo tipo de límites

94

tradicionales y éticos. Antes de esta era del *marketing* basado en datos, la publicidad y las campañas se realizaban de un modo abierto, para que todo el mundo viera y evaluara la misma información. En el futuro, cada persona vivirá dentro de su propia burbuja de noticias e información, construida solo para ella. Los vecinos de una misma calle podrán ver y escuchar información totalmente distinta sobre el mundo.

A una madre soltera que trabaja de dependienta, asiste a clases de yoga y está preocupada por el currículo escolar la bombardearán con información que se ajusta a la perfección a su realidad. Su anciano vecino del piso de abajo, preocupado por la financiación de la sanidad, que quiere que se prohíba el *fracking* y planea un viaje a la Toscana, tendrá una experiencia totalmente diferente del mundo en línea.

Por muy polémico que sea, los datos personales están a disposición de las máquinas de *marketing*. Los lugares que visitas, tus preferencias sexuales y políticas, tus aficiones, los resultados de tus búsquedas en internet, tus preferencias en cuanto a amigos, los vídeos que ves y un sinfín de cosas más les dan a los anunciantes más pistas sobre cómo dirigirse a ti.

A medida que avancemos hacia un mundo impulsado por la inteligencia artificial, estos detalles serán cada vez más precisos. Si llevas un reloj inteligente, los algoritmos de inteligencia

95

artificial pueden determinar lo que haces con las manos. En función del tono de tu voz, la IA puede saber con quién hablas y cómo te sientes con respecto a esa persona. Y, si una IA puede ver imágenes de vídeo de tu cara, será capaz de detectar microexpresiones que revelan tus pensamientos y emociones sobre un tema en concreto.

Prepárate para que Amazon te sugiera productos aterradoramente ajustados a tus necesidades y preferencias. Espera que YouTube te sugiera vídeos relacionados justo con lo que pensabas en ese momento. Espera anuncios de Facebook que parezcan seguir una narrativa en línea con temas que ya te gustan. Cuenta con que en tu bandeja de entrada del correo electrónico aparezca un mensaje relacionado con algo de lo que hablaste cerca de tu asistente de Google. Espera una llamada telefónica en el momento exacto en que estés un poco aburrido, y prepárate para que sea un asistente de voz de IA cuyo tono de voz te parezca el más maravilloso que jamás hayas oído.

Te guste o no, los datos y los algoritmos estarán en el centro del *marketing* en el futuro inmediato, y tu empresa necesita considerar cómo utilizará estas herramientas.

Los datos son el alma del *marketing*

Las pequeñas empresas tienen que adaptarse con rapidez a esta forma de hacer *marketing*. La hipersegmentación y la personalización en función de las necesidades de las personas eran antes territorio exclusivo de las empresas especializadas, pero ahora se están convirtiendo en fortalezas de las grandes marcas. Las pequeñas empresas tienen que descubrir formas de recopilar más (muchísimos más) datos sobre sus clientes y utilizar esa información para crear campañas centradas en las personas que estén basadas en esos datos.

Hace veinte años se consideraba que los profesionales del *marketing* eran estratégicos si realizaban pruebas de «A contra B» con sus anuncios o correos electrónicos. Hoy en día, los principales especialistas del sector prueban cientos de variaciones de anuncios y mensajes. Experimentan con extensas combinaciones de titulares, imágenes, textos y llamadas a la acción, y observan y aprenden mientras los algoritmos determinan qué anuncios funcionan mejor con cada tipo de personas.

Recopilar nombres y correos electrónicos ya no es tan importante en una época en la que rastrear a las personas en tiempo real, estén donde estén, es una característica básica de las principales plataformas publicitarias. Tu empresa debe realizar encuestas, evaluaciones y cuestionarios con tus clientes para obtener datos únicos y valiosos, ya que necesitas información exclusiva para mantener un exceso de demanda con el menor gasto posible.

Cuantos más datos recopiles, menos tendrás que gastar en ventas y *marketing*.

Un anuncio general en un periódico de amplia difusión sobre un destino de vacaciones puede dirigirse al cinco por ciento de los lectores, pero, aunque solo parezca relevante para un pequeño número de personas, la empresa que ha publicado el anuncio ha pagado el coste de ponerlo delante de las narices de todos los lectores. Este enfoque no selectivo es costoso, anticuado e ineficaz.

Un anuncio en línea hiperdirigido a padres de adolescentes que ganan más de ochenta mil libras y están mentalmente abiertos a nuevas experiencias, podría llegar a un porcentaje mucho mayor de personas. Si el anuncio está protagonizado por una mujer cuando aparece en el muro de Facebook de una mujer y por un hombre cuando aparece en el muro de Instagram de un hombre, su rendimiento será aún mayor. Si el texto dice: «Has trabajado muchísimas horas, es el momento de tomarse un descanso» porque el algoritmo sabe que es así, el rendimiento será aún mayor. Cuando los datos de localización de las personas muestran que están en casa la mayor parte del día, el anuncio cambia y dice: «¿Cansado de lo conocido? Es hora de salir de casa y bajar a la playa», y entonces de nuevo los resultados mejorarán.

Los datos permiten personalizar y dirigir el mensaje a las personas adecuadas, en el lugar correcto y en el momento oportuno. En el futuro, las empresas que malgasten sus presupuestos de *marketing* en personas que no estén interesadas en el mensaje en ese momento serán superadas por las empresas que utilicen los datos para comunicarse del modo más eficaz.

Los datos crean amor

La recopilación, el análisis y la utilización de datos puede parecer bastante técnico y frío, pero es la clave para crear un profundo cariño hacia tu marca.

Mi empresa, Dent, publica cada semana anuncios en Facebook para que la gente rellene la «Influence Scorecard» ('La tarjeta de resultados de influencia'), que se dirige a personas que se describen a sí mismas como empresarios, directores generales, fundadores o consejeros delegados. La gente hace clic en nuestros anuncios, responde a cuarenta preguntas rápidas sobre su negocio y luego recibe un informe de veinte páginas en el que se describe al detalle cómo podría aumentar su influencia.

Entre bastidores, recibimos todos estos datos y clasificamos a las personas en función de sus respuestas. Podemos saber si una persona está empezando un nuevo negocio o si tiene uno ya establecido con muchos empleados, podemos ver de inmediato si la gente está contenta con su rendimiento o si se siente frustrada por la falta de crecimiento, e incluso podemos determinar si está contenta con el número de días de vacaciones y las recompensas económicas que recibe.

Gracias a la información que recopilamos, adaptamos la forma de dirigirnos a cada persona. No hablamos de temas relacionados con las *startups* con personas que ya tienen negocios multimillonarios, así como tampoco tratamos la importancia de la cultura de equipo con personas que aún no tienen uno. Los datos nos permiten recomendar los productos adecuados a cada persona o sugerirle contenidos que se adaptan a la perfección a sus necesidades.

El sistema que utilizamos (ScoreApp.com) nos permite crear de manera automática anuncios y correos electrónicos personalizados en función de cómo responden las personas a nuestras preguntas, y da información actualizada a nuestros vendedores sobre quiénes de su lista tienen más probabilidades de comprar.

Nuestra tarjeta de resultados en línea se ha convertido en nuestra principal herramienta de *marketing,* porque nos proporciona la mayor cantidad de datos al menor coste. Esa información nos da el poder de hablarle a la gente sobre los temas concretos que más le importan. Cuando hablamos de sus necesidades y abordamos sus problemas, nos convertimos de inmediato en una marca que adoran.

La gente no gasta mucho dinero
para resolver problemas pequeños

Hay un antiguo poema que habla de cómo las pequeñas cosas pueden causar grandes consecuencias imprevistas. Dice así:

A falta de un clavo

A falta de un clavo, la herradura se perdió.
A falta de una herradura, el caballo se perdió.
A falta de un caballo, el jinete se perdió.
A falta de un jinete, el mensaje se perdió.
A falta de un mensaje, la batalla se perdió.
A falta de una batalla, el reinó se perdió.
Y todo por falta de un clavo en la herradura.

Me gusta imaginar que este poema lo creó un vendedor de herraduras que se cansó de que la gente le pidiera alternativas más baratas. El autor de este poema se ajusta a la realidad del comprador, alguien que busca una herradura barata que requiera utilizar menos clavos. A continuación, le explica paso a paso que los pequeños ahorros de costes podrían provocarle enormes problemas en el futuro. Al seguir esta progresión lógica, resulta impensable arriesgar todo tu reino por algo tan barato e insignificante como un clavo.

Antes de vender un resultado o una solución, debes ajustarte a la realidad de las personas y guiarlas en un proceso. Por lo general, la gente tiene un pequeño problema, una molestia o tan solo siente curiosidad por un tema. Es importante empezar desde su punto de vista y explorar los primeros pasos sin sacar conclusiones precipitadas.

Permite que sopesen sus pequeñas decisiones; déjales que se tomen su tiempo para pensar en cada acción y sus consecuencia si lo necesitan. Como buen conocedor de tu sector, resiste la tentación de pasar por alto las sutilezas de cada decisión; deja, en cambio, que cada ficha de dominó derribe a la siguiente, hasta llegar a la conclusión lógica.

Si quieres que la gente valore más lo que haces, debes convertirte en un experto en prever dónde conducen esas decisiones, es decir, entender las consecuencias a largo plazo de las elecciones de tus clientes. Tienes que saber más sobre su futuro que ellos mismos, y ser capaz de mostrarles en una especie de bola de cristal una imagen clara de adónde los lleva su curso de acción.

Tu bola de cristal podría mostrar a alguien que alcanza sus sueños más salvajes a lo largo del tiempo y de las distintas etapas de su vida, o, por el contrario, a alguien que pierde algo que aprecia mucho. Cualquiera de estos escenarios plantea un problema: «Si no tomo la acción correcta hoy, esto afectará seriamente a la calidad de mi futuro». Perder algo que valoras o dejar escapar algo que deseas son problemas que nadie quiere enfrentar.

No es sensato esperar que la gente emprenda grandes y audaces acciones y gaste grandes cantidades de dinero en algo trivial, por lo que debes crear un contraste claro entre lo que ocurre hoy y lo que podría materializarse. El *problema* debe volverse grande, evidente y tangible si quieres que la gente se entusiasme con la solución.

Cuando el problema está claro, la solución debe ser elegante y completa para captar su atención. De nada sirve mostrarle a la gente un futuro atractivo si no podemos ofrecerle todo lo necesario para alcanzarlo. Hay demasiadas empresas que venden componentes para resolver un problema o lograr un resultado en lugar de ofrecerles todo lo que necesitan.

¿Te imaginas la decepción de comprar una guitarra y que te digan: «No vendemos cuerdas de guitarra, tendrás que comprarlas por separado en internet si quieres tocar»? En cambio, imagínate la alegría de comprar una guitarra con cuerdas, amplificador, púas, cables y lecciones para que puedas tocar tus canciones favoritas este mismo mes.

Muchas empresas venden su «guitarra sin cuerdas»: los entrenadores de *fitness* no ofrecen un paquete de comida sana, consejos de vida, libros o pódcast junto con sus sesiones de gimnasia; los dentistas no incluyen el blanqueamiento, los tratamientos de ortodoncia, las citas de higiene, los cepillos eléctricos y los bálsamos labiales en sus tratamientos de caries; las empresas tecnológicas no ofrecen formación, los diseñadores gráficos no se encargan del *copywriting* ni de la impresión y los caseros tampoco proporcionan a sus inquilinos wifi ni un servicio de limpieza.

Para lograr un exceso de demanda, la gente necesita saber que puedes resolver sus problemas importantes de forma completa y extraordinaria. El problema no puede ser pequeño, y la solución no puede ser menos de lo necesario para alcanzar el resultado deseado.

Cada persona tiene sus propios valores

Si un matrimonio entra en una librería, en pocos minutos se encontrará en secciones diferentes. Quizá a la mujer le apasiona el *fitness* y se siente atraída por una novedad que trata de la investigación científica sobre la dieta y el ejercicio, mientras que al marido le encanta cocinar y se inclina por un nuevo libro de cocina de un chef famoso.

Cuando se reúnen de nuevo en el mostrador, ambos se miran con incredulidad y se dicen al otro: «Ya tienes docenas de libros sobre ese tema, ¿para qué necesitas otro?».

Cada uno de nosotros tiene una jerarquía inconsciente de valores, es decir, la importancia que damos a las cosas sigue un orden concreto para cada uno de nosotros. Nadie está necesariamente en lo cierto o equivocado sobre las cosas que le importan, pero cada uno es diferente. El marido y la mujer de la historia tienen valores distintos, y eso determina sus intereses naturales. Él no entiende que ella necesite otro libro de *fitness* porque todos los libros sobre el tema le parecen iguales y ya tiene docenas, y a ella la desconcierta que él se gaste con gusto treinta libras en otro libro de cocina cuando ese mismo día le había comentado que estaba preocupado por sus finanzas personales.

Si algo es importante para ti, tendrás un apetito insaciable por ello. Aprenderás sobre ese tema, le dedicarás tiempo y gastarás dinero casi sin esfuerzo. En cambio, si algo tiene poco valor para ti, te costará concentrarte en ello, aunque sea por poco tiempo.

Cada uno de nosotros tiene cuatro o cinco cosas que dominan nuestra atención, y rara vez cambian. Hablarle a la gente en su idioma consiste en vincular lo que haces con las cosas que la gente ya valora; no se trata necesariamente de conseguir que la gente valore lo que haces.

Piensa en los valores dominantes como en un enorme camión que se dirige por una autopista a 160 kilómetros por hora hacia un destino. No puedes desviar el camión ni detenerlo, así que el truco está en meter lo que tienes que vender dentro del remolque.

Si a alguien le apasiona su familia y quieres que se fije en tu programa de *fitness,* tienes que vincular los resultados del programa con una mejor vida familiar. Podrías decir: «Con una mejor forma física tendrás más energía para tus hijos y podrás compartir una mayor variedad de experiencias con ellos». El ejercicio entra, así, en el *remolque del camión* familiar.

Hablarle a alguien de algo que crees que *debería* valorar es ineficaz. Quizá pienses que es obvio que todo el mundo quiere ahorrar dinero y tener un fondo de inversión para una jubilación segura. Sin embargo, muchas personas no lo ven así; a algunos les entusiasma ahorrar e invertir si va ligado a poder vivir más aventuras y asumir más riesgos a lo largo de toda su vida.

Si algo no está alineado con nuestros valores, siempre habrá una excusa para no seguir adelante. En cambio, si algo está en consonancia con nuestros valores, nada nos detendrá para llevarlo a cabo.

PRINCIPIO 8

NO HAY NADA MEJOR QUE
TENER UN IMPACTO POSITIVO

Si la gente habla de ti de forma positiva, tu presupuesto de *marketing* se reduce a cero. En una época en la que la gente está conectada con casi todas las personas que ha conocido a lo largo de su vida y puede hablar gratis con cualquier persona del mundo, un negocio impactante puede crecer a la velocidad del sonido.

Sustituye tu presupuesto de
marketing por uno de impacto

El *marketing* y la publicidad tradicionales ya no son tan importantes como antes. Lo que más importa, ahora y también en el futuro, es tener un producto del que merezca la pena hablar.

Tenemos un teléfono inteligente en el bolsillo, y a todos los amigos que hemos conocido en nuestras redes sociales, listos para ofrecernos consejos. Además, podemos acceder a reseñas de usuarios, blogs, puntuaciones con estrellas y otros datos relevantes de una docena de formas diferentes.

El problema con el *marketing* tradicional en el clima actual es que ¡quizá estás promocionando a la competencia!

Imagina que una empresa de electrónica saca un anuncio en el periódico que reza: «Haz fotos increíbles con nuestra nueva réflex digital de un solo objetivo». Lo lees y te acuerdas de que tienes unas vacaciones a la vuelta de la esquina, por lo que necesitarás algo más que la cámara de tu teléfono para capturar esos momentos especiales. Sin embargo, tu siguiente paso es donde todo se tuerce para la pobre empresa de electrónica que invirtió en publicidad: en lugar de ir a su tienda, abres el navegador en tu iPhone, escribes en Google «cámara réflex digital» y buscas opiniones.

Descubres que hay un increíble almacén en línea del que todo el mundo habla maravillas y que vende cámaras a «precio de fábrica». También descubres que uno de los principales blogueros de fotografía recomienda comprar una de una marca diferente a la del anuncio.

Publicas un tuit que dice: «Voy a comprarme una #cámara #DSLR. ¿Algún #consejo?». Algunos expertos y amigos te responden al tuit y te indican una serie de grandes ofertas. A estas alturas, ya has olvidado que la única razón por la que pensaste en comprar una cámara fue el anuncio del periódico.

El anunciante pagará para que pienses en ello, pero es probable que compres el producto más «impactante». Pero ser impactante *no* consiste en ofrecer trucos estúpidos o recursos publicitarios sin sentido, sino de ser el mejor en tu nicho, de ofrecer ventajas genuinas, beneficios reales y una experiencia superior. Por encima de todo, se trata de preocuparte de verdad por lo que haces y de ser único en tu clase.

Esto tampoco significa ser por fuerza prémium o de gama alta. Puedes causar un impacto por tu enfoque innovador o por tus ofertas extraordinariamente justas, por lo mucho que te esfuerzas por complacer a un cliente o porque ser impactantemente barato es tu punto diferencial.

Cuando alguien pregunte: «¿A quién se lo compro?», debería ser tu nombre el que se mencione. *Eso* es causar un impacto.

Tus empresas deben empezar a invertir más dinero en tus productos y tu servicio al cliente y menos en publicidad y formas tradicionales de *marketing*. Las empresas con exceso de clientes gastan dinero en sus clientes actuales antes que en los potenciales. Parece ilógico, pero, si se hace bien, tus clientes actuales harán publicidad por ti.

Me atrevería incluso a decir que deberías tomar al menos el cincuenta por ciento de tu presupuesto de *marketing* tradicional y transferirlo al presupuesto de «crear un impacto». Si lo haces, tus productos se venderán porque otras empresas gastarán dinero en promocionarse, pero la gente te encontrará a ti.

Las herramientas y técnicas de *marketing* son poderosas para poner las cosas en movimiento, pero el éxito a largo plazo de tu negocio requiere que cada punto de contacto y cada interacción con tu mercado sea positiva, inspiradora y digna de mención.

La clave para ganar dinero puede ser *no* ganar dinero

La mayoría de la gente cree que el éxito de Google se debe a la superioridad del algoritmo de su motor de búsqueda, pero la historia va mucho más allá, y gran parte de su éxito financiero se debe a que en un primer momento hicieron algo que no tenía sentido desde el punto de vista financiero.

Antes de los años 2000, cargar cualquier página web llevaba un tiempo. Por lo general, tardaba entre diez y treinta segundos en cargarse, en función de su contenido. Google ideó un sencillo truco para acelerar el tiempo de carga de su página más utilizada, la página de búsqueda. Tan solo pusieron la barra de búsqueda y su logotipo, y nada más.

En aquella época, fue algo radical. Todos los demás buscadores llenaban su página de inicio con todos los anuncios que podían porque era el espacio en línea más valioso que tenían. Los grandes buscadores, como AltaVista, Excite, Yahoo! y Lycos, ganaban millones de dólares a la semana monetizando su página principal. Sin embargo, llenarla de anuncios significaba que tardaba más en cargarse.

Cada uno de los gigantes de los motores de búsqueda libró una batalla para hacer de su página de inicio el destino más valioso que alguien quisiera visitar. A menudo mostraban el pronóstico meteorológico, el precio de las acciones y las noticias en un esfuerzo por demostrar un valor superior a los usuarios. En última instancia, querían que la gente convirtiera su motor de búsqueda en el navegador predeterminado para poder maximizar los ingresos por publicidad de la página de inicio.

Era una lucha constante por introducir más contenido en la página de inicio y, al mismo tiempo, por acelerar los tiempos de carga. Entonces, en 1998, se lanzó el vigésimo tercer gran motor de búsqueda. Google no solo llegó tarde a la fiesta, sino que apareció desnudo: tomó la audaz decisión de no monetizar su página de inicio, y, como resultado, la página cargaba en unos pocos segundos.

Solo las personas que usaban internet en aquel momento comprenderán lo impactante que fue. Enseguida corrió la voz de que Google era el motor de búsqueda más fácil y rápido de usar, y millones de personas a la semana optaron por convertirlo en su pantalla de inicio predeterminada, por lo que dejaron atrás a todos los demás buscadores.

Aunque es cierto que su algoritmo era mejor que el de la mayoría, no fue por eso por lo que la gente se enamoró de él. Lo que les encantaba eran los tiempos de carga más rápidos, que se debían al hecho de tener una página de inicio libre de anuncios.

Sin ganar dinero de inmediato, Google se convirtió en una de las empresas con más éxito financiero de todos los tiempos. Incluso hoy en día, está en su ADN encontrar formas de ofrecer valor de forma gratuita y averiguar más tarde cómo monetizarlo. Ofrecen mapas, navegadores, vídeos, correo electrónico, calendarios, herramientas de investigación y mucho más de forma gratuita, y luego desarrollan un modelo de negocio para hacerlo viable.

Esta estrategia se llama *moving the free-line* ('mover la barrera de la gratuidad'). Al regalar algo de valor que otros intentan monetizar, se crea una experiencia impactante desde el principio.

Cada año regalo ejemplares de mis libros, cuelgo vídeos en YouTube, publico investigaciones, entrevisto a gente en el pódcast, ofrezco informes y pongo a disposición de todo el mundo herramientas empresariales. En la mayoría de los casos no pido nada a cambio de estos servicios, porque sé que es una buena forma de iniciar la relación.

Mover la barrera de la gratuidad y regalar algo por lo que tu sector suele cobrar puede ser una poderosa forma de que tu empresa cause un impacto positivo. También puedes eliminar las «llamadas a la acción» aburridas o las páginas de «registro» que suelen acompañar al contenido gratuito de internet. La idea clave es lograr que la primera experiencia que la gente tenga contigo sea inspiradora e impactante.

Construir una marca personal de confianza

Richard Branson sale del coche y los fotógrafos de los medios de comunicación enloquecen. Va vestido como un jefe indio y lleva un hacha pequeña. Se acerca al director general del aeropuerto de Sídney, le tiende una mano y le dice: «Vengo a enterrar el hacha de guerra».

En ese momento, los detalles del conflicto se volvieron irrelevantes y todo se perdonó al instante. Richard Branson utilizó su marca personal para resolver de forma instantánea un enfrentamiento entre dos empresas que no lograban ponerse de acuerdo a la hora de asignarse una terminal de aeropuerto. Sus altos ejecutivos habían intentado por todos los medios que Virgin entrara en la terminal principal, y los habían rechazado de manera muy pública. Al final, fue el toque mágico de Richard lo que cerró el trato.

Sea cual sea la situación, Branson es plenamente consciente de que su propia marca personal tiene el poder de hacer que las cosas se hagan a una velocidad increíble. Por eso, la utiliza para resolver conflictos, lanzar productos, reunir capital, atraer a líderes con talento y lograr cambios sociales.

Ha escrito y publicado siete libros, escribe artículos para periódicos y cuenta con un equipo de expertos en *marketing* de contenido que gestionan sus perfiles en las redes sociales. Por supuesto, sobra decir que domina el arte de captar la atención de los medios de comunicación. Ha construido una marca que atrae oportunidades sin parar, y es tan querido y de confianza que su participación en una empresa puede convertirla en un éxito de la noche a la mañana.

En las redes sociales, a Richard Branson lo siguen muchos millones de personas, mientras que Virgin solo tiene unos cientos de miles de seguidores. En líneas generales, la gente se siente veinte veces más inclinada a conectar con una persona influyente que con la marca.

Atrás quedaron los días en que una empresa de cualquier tamaño podía sobrevivir como una corporación sin rostro que existía como un conjunto de logotipos, colores, símbolos y sonidos. Hoy en día, las marcas de rápido crecimiento están impulsadas por las personalidades que las representan; la gente quiere saber quién es el fundador, la experiencia del director general y cuáles son las creencias de los líderes. Las empresas que logran un exceso de demanda construyen y aprovechan las marcas personales de la gente que las integra.

Las marcas personales impactan por varias razones.

En primer lugar, el cerebro humano está preprogramado para conectar con las personas. Una gran marca puede gastarse millones intentando que reconozcas su símbolo, pero es mucho más fácil conseguir que la gente reconozca una cara. Los humanos estamos predispuestos a confiar y a conectar con caras, voces, con el lenguaje corporal y con palabras que vengan directamente de una persona. Estamos diseñados para relacionarnos con la gente y hablar acerca de ella. Si construyes una marca personal impactante y de confianza, te recomendarán de forma natural.

En segundo lugar, una marca personal garantiza que «tú» estás presente incluso cuando en realidad no lo estás. Esa marca está presente cada vez que la gente te menciona o habla de lo que harías en determinadas circunstancias. Pero, para que eso ocurra, la gente tiene que conocer tu visión única de las cosas. Tener una marca personal impactante y de confianza significa que las cosas sucederán como a ti te gustaría, aunque no estés ahí para hacerlas realidad.

Por último, las marcas personales duran mucho tiempo. A pesar de que vendas tu empresa o cambies de profesión, una marca personal sólida te dará una gran ventaja en el siguiente proyecto. Algunas personas ya fallecidas todavía influyen en la cultura de sus empresas. El poder de una marca personal da un impulso a todo lo que tu empresa hace.

Rob Gardner está considerado una de las personas más influyentes del sector de los fondos de pensiones en todo el mundo. Dejó su trabajo bien pagado en Merrill Lynch para crear su propia empresa especializada con el objetivo de ayudar a resolver la crisis de los fondos de pensiones que existe en la mayoría de los países desarrollados. Sus anteriores jefes esperaban de él que fuera un «activo» sin rostro que construyera la marca de la empresa y nunca la suya propia. En cambio, en su propia compañía, Reddington, ha introducido algunos cambios, y ahora su objetivo es construir una empresa llena de personas influyentes. Ha creado un blog de empresa en el que cada empleado debe escribir una vez al mes y compartir sus ideas con su propio nombre. Se anima a todos los trabajadores a que aprendan a transmitir la visión de la compañía a los demás, a que se conecten a internet y establezcan vínculos con la gente. De este modo, Rob Gardner está construyendo un negocio repleto de personalidades.

Esta estrategia lo ha llevado a un rápido crecimiento y a grandes asociaciones. Su compañía destaca y gana contratos frente a rivales que tienen millones para gastar en *marketing* y en una marca sin rostro. Y, lo que es más, atrae a los mejores talentos porque estos ya no quieren permanecer en la sombra. Los trabajadores de alto rendimiento quieren construir tanto la marca de la empresa como la suya propia.

En 2019, Rob fue nombrado miembro del consejo de uno de los mayores fondos de inversión del Reino Unido como director de inversiones, donde debía gestionar fondos por valor de más de cien mil millones de dólares. Su marca personal y su misión trascendieron su propio negocio y le dieron acceso a todavía más recursos para cumplir su objetivo de transformar el futuro financiero de la siguiente generación.

Construir tu marca y animar a las personas a que sean conocidas, apreciadas y de confianza te ayuda a ti, las ayuda a ellas y te permite tener un flujo constante de personas de alto rendimiento que aspiran a unirse a tu equipo.

Mucha gente tiene miedo a exponerse, pero tendrás que comparar ese temor con el miedo a convertirte en un negocio genérico y sin rostro, y sin un exceso de demanda. Cuando examines el panorama completo, verás que merece la pena crear una marca, porque es una de las formas más rápidas de tener un impacto positivo en tu mercado.

Ponte a prueba como persona clave de influencia en la siguiente página web:

www.keypersonofinfluence.com/scorecard.

Eres quien Google dice que eres

Estaba entusiasmado con una reunión con alguien que me había presentado un amigo. Me lo habían descrito como un multimillonario, un aventurero y todo un personaje que podía aportar valor a un proyecto en el que yo participaba. Mientras esperaba a que llegara, saqué el teléfono y busqué su nombre en Google y, para mi sorpresa, los resultados no fueron buenos; de hecho, fueron terribles.

Innumerables blogs describían a esta persona como un estafador, un fraude y el organizador de un esquema Ponzi. Me encontré con largas reseñas e incluso vídeos de YouTube en los que advertían a la gente de que no hiciera negocios con este tipo. Se me encogió el corazón. Tenía muchas ganas de conocer a este hombre y ahora no estaba seguro de si debía siquiera reunirme con él.

La reunión duró una hora, y todo en él parecía auténtico. Mi radar habitual me habría dicho que era alguien en quien confiar e incluso alguien con quien hacer negocios. Sin embargo, no logré quitarme de la cabeza las palabras de esas críticas negativas, y terminé la reunión sin sugerir nada más.

Aunque las críticas fueran erróneas sobre esta persona, sé que es muy difícil hacer negocios con alguien que tiene una mala reputación en internet; siempre tendrás que dar explicaciones y empezar las conversaciones a la defensiva.

No importaba cuál fuera realmente la verdad; Google había creado una imagen que bien podría haber sido cierta. En el mundo moderno, eres quien Google dice que eres, así que más te vale proteger tu reputación con todas tus fuerzas.

Antes de internet, la gente cometía errores, pero muy pocos lo sabían. Incluso aunque saliera en los periódicos, un año después la mayoría de la gente lo había olvidado, y las personas nuevas que conocías no tenían forma de saberlo a menos que buscaran en los archivos.

Google no olvida con tanta facilidad. Todas las noticias, todos los blogs, todos los vídeos, todas las imágenes y todas las reseñas aún existen en internet, y están a solo unas búsquedas de distancia. Una estupidez que hiciste en 2010 podría costarte el negocio en 2020.

Sin embargo, esto funciona en ambos sentidos. Si eres sincero y haces lo correcto con la gente, también suele aparecer en internet. La gente puede publicar críticas positivas, escribir devotos blogs y subir vídeos halagadores sobre ti. Este contenido favorable también dura años, y algo bueno que hiciste en 2010 podría ayudarte a conseguir negocios en 2020.

A partir de ahora, asume que cada reunión importante que tengas y cada oportunidad que se te presente implicará una búsqueda en Google de ti y del nombre de tu empresa. Por supuesto, los malos resultados equivalen a menos oportunidades; los buenos, en cambio, te brindarán todavía más oportunidades. Y, si no logras resultados, eso te obligará a competir siempre en precio.

Esta mentalidad debería influir en la forma de vender, en los clientes que contratas, en los proveedores con los que trabajas, en los empleados que contratas, en cómo gestionas las reclamaciones y en cientos de otras decisiones que tomas sobre tu negocio.

Vive tu vida como si todo lo que haces fuera a aparecer documentado en Google y estuviera disponible para cualquiera durante mucho tiempo. Es muy probable que tus tataranietos estudien tu vida para una tarea escolar, de modo que asegúrate de que se sientan orgullosos de lo que vean.

No digo que no seas tú mismo y no te lo pases bien, sino que no seas tu peor yo y te lo pases tan bien que tengan que llamar a la policía. Ten en cuenta que un error realmente estúpido puede echar por tierra años de buenas acciones.

Presta mucha atención a las críticas negativas que se publican en internet sobre ti, tu empresa o tus productos, y haz todo lo posible por subsanarlas cuanto antes: una mala crítica destacada puede costarte ventas, buenos empleados o alianzas estratégicas. Siempre que sea posible, busca la forma de rectificar los problemas y asegúrate de que la gente se sienta bien con tu empresa.

Mantener el exceso de demanda a largo plazo requiere que pases la prueba de Google muchas veces cada mes. Tu reputación es un activo más valioso que cualquier otra cosa que poseas; de modo que trátala como tal. Desarróllala, cultívala, destácala, mejórala y protégela; después observa el constante flujo de dividendos que te proporciona.

PARTE II

EL MÉTODO EMPRESARIAL BASADO EN CAMPAÑAS: CONVERTIR LOS PRINCIPIOS EN ESTRATEGIA

Ha llegado el momento de tomar las ideas expuestas hasta ahora y formular una estrategia. A continuación, organizaremos estos principios y filosofías en pasos prácticos para conseguir que tu empresa tenga un exceso de demanda. Para ello, debemos pensar en tu empresa de forma diferente.

Pensar como una empresa impulsada por campañas

En cualquier sector, algunas personas luchan por conseguir suficientes clientes, mientras que otras tienen más de los que pueden manejar. En cualquier mercado, algunas empresas buscan clientes y otras seleccionan con quién quieren trabajar y rechazan al resto.

Lo que diferencia a estos dos grupos es la forma en que se ven a sí mismos. Es la diferencia entre verte a ti mismo como alguien que dirige un «negocio» —lo que suena a estar muy ocupado— y una empresa impulsada por una campaña.

Una empresa orientada a las campañas es la identidad que tendrás que adoptar para lograr un exceso de demanda. Es una mentalidad estratégica que te enfoca en llevar a cabo potentes campañas y convierte tu negocio en una serie de momentos críticos y eventos importantes.

Piensa en el zumbido del motor de un coche. Si te fijas bien, verás que ese zumbido es una serie de revoluciones bien sincronizadas. Del mismo modo, una empresa que funciona bien suele ser una serie de campañas bien planificadas y ejecutadas.

Grandes empresas, como Nike, Apple y Virgin, por ejemplo, empezaron a prosperar, y todavía lo hacen, gracias a las campañas. De ese mismo modo fui capaz de lanzar una empresa a los veintidós años y vender más de un millón de dólares en los primeros doce meses. Así lo hicimos también con otras cinco empresas, tanto en tiempos de bonanza como de recesión. Las campañas han sido clave para lanzarme en nuevos países y llevar nuevos productos a mis actuales clientes. Las campañas también han sido la habilidad fundamental que me ha permitido conseguir inversiones para crecer y salir de ciertas empresas.

Las habilidades y estrategias para dirigir una empresa impulsada por campañas son transferibles, y tú y tu equipo podéis aprenderlas y aplicarlas con facilidad.

Sin embargo, la mayoría de las compañías se resisten a este enfoque. Están diseñadas para captar y atender a los clientes de uno en uno, y los persiguen de forma lineal, pero este enfoque es insostenible y hace que la gente se aburra o se agote. No funciona ni para el propietario de la empresa ni para los empleados, que se agotan con rapidez y no pueden escalar, ni para los clientes, que no reciben la atención que merecen. Es increíblemente difícil crear la velocidad de ventas necesaria para un crecimiento rápido sin pensar como una empresa impulsada por campañas.

Nunca he ido a por un cliente en particular. Organizo eventos y promociones que animan a todo el mundo a venir, y me gusta que la gente sienta emoción y entusiasmo. Sentarme con un cliente potencial de manera individual mata la energía para mí, para el equipo y para los clientes. Todo empresario, líder o director de *marketing* debe aprender a motivar a decenas, cientos o incluso miles de personas a la vez a comprometerse con su negocio de un modo masivo.

Esto requiere planificación y una ejecución cuidadosa. Conseguir un exceso de demanda no es algo que pueda hacerse sobre la marcha; requiere preparación y una estrategia ejecutada con precisión. Tu objetivo es dejar de comportarte como un negocio tradicional y convertirte en una empresa impulsada por campañas con el objetivo de lograr un exceso de demanda.

Es cierto que parece más seguro hacer las cosas de forma lineal y conseguir a los clientes de uno en uno: vas a ver a un cliente potencial, le vendes algo, se lo entregas, vas a ver a otro cliente potencial…; parece algo natural y lógico.

Sin embargo, no es así como piensan las empresas impulsadas por campañas. En su lugar, agrupan las actividades en bloques más grandes. Se centran primero en encontrar a cien clientes *potenciales,* de entre los que eligen a los veinte con los que quieren trabajar, luego les ofrecen una experiencia a esos veinte y después, tras haber aprendido en el proceso cómo mejorar, van a buscar a doscientos más.

Te reto a que abandones el mundo lineal, en el que las cosas suceden de una en una, y aceptes un poco más el caos, en el que las cosas se mueven en *oleadas.*

Es fácil entusiasmarse con las ideas y los métodos que compartiré en esta sección; sin embargo, su puesta en práctica es lo que hace que mucha gente se equivoque. Tendrás que ceñirte a un plan y trabajar para ejecutar cada paso con la concentración, el compromiso y la excelencia de un atleta profesional.

Con independencia de si eres arquitecto, artista, inventor, desarrollador de *software,* conferenciante o consultor corporativo de alto nivel, los principios fundamentales que hacen que una empresa impulsada por campañas tenga éxito son aplicables a todos los niveles e industrias. Ya sea entre empresas, entre una empresa y un cliente o ambos, la integración de una metodología de campaña en tu plan anual impulsará el crecimiento más rápido de lo que puedas imaginarte.

Para hacerlo más fácil, esbozaré un método específico para lograr un exceso de demanda que es un marco para poner en práctica tus ideas en una secuencia lógica.

El método empresarial basado en campañas

Lo primero que hace una empresa impulsada por campañas es planificar de forma estratégica el año que tiene por delante en tres partes.

Semanal: microcampañas

Cada semana, de manera constante, tu objetivo es generar clientes potenciales y realizar presentaciones de ventas a un ritmo que te garantice alcanzar una parte significativa de tus objetivos anuales de ingresos.

Por ejemplo, una empresa especializada de consultoría informática pretende generar 1,4 millones de dólares al año en función de su capacidad para trabajar con setenta clientes al año, cada uno de los cuales gasta veinte mil dólares en un paquete normal. Todos los jueves organizan una sesión semanal de «almuerzo y aprendizaje» para ocho ejecutivos de su mercado objetivo. Por lo general, uno de los asistentes se convierte en cliente. Si esta actividad se repite cuarenta y cinco veces al año, genera novecientos mil dólares de ingresos, lo que acerca a la empresa a su objetivo anual. A las personas que no se convierten en clientes de inmediato se les ofrece una entrada con descuento para el taller trimestral de la empresa, organizado por un experto que ha escrito un libro sobre tecnología.

Trimestral: campañas para destacar

Cada trimestre organizas una promoción especial que pone a tu empresa o tus productos en el punto de mira y te alías con grandes marcas para hacer algo especial que te haga destacar.

Por ejemplo, la empresa de consultoría informática organiza un taller trimestral en el que participa un ponente y autor experto. El evento se organiza en colaboración con una prestigiosa universidad, y el patrocinador es una empresa de *software* bastante conocida (que también es proveedora de la empresa). El evento atrae a entre setenta y noventa personas que pagan una cantidad simbólica por asistir al taller. Al finalizar, seis o siete de los asistentes acostumbran a contratar un paquete de consultoría por veinte mil dólares, lo que genera unos quinientos mil dólares al año. Esto, junto con la actividad semanal de base, lleva a que los objetivos anuales se alcancen con comodidad.

Anualmente: la campaña del mensaje principal

A lo largo del año, compartes contenido interesante que educa y entretiene a la gente con ideas de alto nivel, grandes temas y tendencias que van mucho más allá de los productos y servicios que ofreces. Estas grandes ideas suscitan conversaciones, pueden compartirse y posicionan a tu empresa como líder del sector.

Por ejemplo, la consultoría informática graba los talleres trimestrales y entrevista a los ponentes expertos para una serie de artículos, informes, pódcast y vídeos. Los temas tratados incluyen ideas sobre cómo será el sector dentro de cinco años, macrotendencias globales y estadísticas sobre el comportamiento de compra de los consumidores. Los vídeos se editan en pequeños fragmentos y se suben cada semana, los blogs más extensos se publican cada mes y se lanzan dos episodios de pódcast al trimestre. Todo ello se comparte en las redes sociales y en la página web de la empresa. A lo largo del año, parece que esta pequeña empresa siempre aporta ideas y consejos interesantes que hacen reflexionar a la gente.

El objetivo de la campaña de gran repercusión es mantener la relevancia y la conexión con la gente durante todo el año. Las campañas temáticas trimestrales crean entusiasmo y compromiso, además de oportunidades de venta, mientras que las semanales establecen una base sólida de actividad para generar ventas constantes.

Los clientes potenciales que se plantean trabajar contigo pueden interactuar con las tres campañas. Alguien puede ver un anuncio de la campaña semanal, consultar el canal de YouTube de la empresa y ver una idea interesante que hayas compartido, y después concertar una reunión y comprar. Otra persona puede recibir una invitación a la campaña trimestral y seguir las actualizaciones periódicas en línea durante unos meses antes de agendar una reunión de ventas y comprar. Otra persona puede descubrir el pódcast y escuchar cuatro episodios en una semana, inscribirse en la campaña trimestral y comprar en el mismo momento. La clave es ofrecerle a la gente diversas opciones para que interactúen contigo, aprendan más y, en última instancia, compren tus productos y servicios.

Encuentra el equilibrio que más te convenga

Al planificar el año que tienes por delante, debes seleccionar un objetivo de ingresos anual y después dividirlo en pequeños objetivos para las campañas semanales y las trimestrales. Por ejemplo, un objetivo de 1,4 millones de dólares podría dividirse en cuarenta lotes de veinticinco mil dólares semanales y cuatro campañas trimestrales que generen cien mil dólares cada una. Otra forma de dividirlo es en cuarenta lotes de diez mil dólares semanales y cuatro campañas que generen doscientos cincuenta mil dólares de ventas cada una.

Una estrategia conservadora consiste en obtener la mayor parte de los ingresos de las microcampañas semanales y mantener las campañas trimestrales bastante pequeñas. Si obtienes el ochenta por ciento de los ingresos de las semanales, solo tendrás que realizar unas trimestrales que aumenten los ingresos un cinco por ciento del objetivo anual.

En cambio, una estrategia de alto riesgo es intentar obtener la mayor parte de los ingresos de las grandes campañas trimestrales. Si creas grandes campañas trimestrales que generen cada una el veinte por ciento de tu objetivo anual de ingresos, no necesitas hacer demasiadas ventas semana a semana. Sin embargo, si algo sale mal con una campaña tan grande, eso afecta seriamente a tus finanzas.

En mi caso, he probado ambos enfoques. En una empresa organizábamos cuatro grandes eventos al año y nos tomábamos largos descansos entre ellos (los cuales necesitábamos). Este enfoque agotó a mi equipo en muy poco tiempo y creó grandes picos y valles en el flujo de caja. En otra empresa, generábamos ventas sobre todo semana a semana y nuestros eventos trimestrales eran bastante discretos. Esto nos proporcionó ingresos constantes, pero era bastante aburrido. Muy pronto nos quedábamos sin temas de conversación con los clientes y se nos escaparon algunas buenas ventas.

Por experiencia, el equilibrio que mejor me funciona ahora es generar el setenta por ciento de los ingresos con microcampañas semanales y el treinta por ciento con nuestras campañas trimestrales para destacar. También sé que la calidad de la campaña del mensaje principal logra que todo lo que hacemos sea más eficaz.

Seis pasos para crear campañas
con exceso de demanda

El siguiente paso es dividir las campañas en fases. Las trimestrales se desarrollan en escalas de tiempo diferentes a las semanales, pero ambas siguen estas seis fases.

Fase 1: Planificación

Debes conocer tu capacidad y a quién te diriges, es decir, saber en qué punto se producirá un exceso de demanda y quién verá más valor en esa capacidad. Los mensajes de tu campaña deben ser claros y coherentes y traducirse en herramientas y activos de campaña. Debes elegir los canales más eficaces para comunicar y los ganchos que más conecten con los deseos de tu público. Diseñarás tus campañas hasta el más mínimo detalle y tendrás siempre un plan escalonable para el año siguiente.

Fase 2: Desarrollo

Comparte ideas genuinas que lleven a las personas a la conclusión de que desean trabajar contigo, o mantenlos entretenidos lo suficiente para que quieran continuar la relación. Indícale a tu mercado tus intenciones y recopila las señales de compra del mercado en un intento de crear tensión entre la oferta y la demanda.

Fase 3: Lanzamiento con exceso de demanda

Cuando la tensión entre la oferta y la demanda es alta, debes destacar el desequilibrio entre el interés mostrado y la disponibilidad limitada. A continuación, lanza el producto o servicio y permite que lo compren algunas personas, pero asegúrate de que haya gente que, aunque estuviera dispuesta a comprarlo, se quede sin ello.

Fase 4: Seguimiento de las ventas

Despliega una actividad de ventas proactiva para hacer un seguimiento de los clientes potenciales y de las oportunidades y maximizar así la eficacia de cada campaña. Lleva un registro detallado, haz un seguimiento cuando dijiste que lo harías y fomenta las recomendaciones de los que compraron.

Fase 5: Entrega impactante

Asegúrate de que el valor de lo que ofreces está a la altura de las expectativas creadas. Sorprende y deleita a tus clientes por encima de sus expectativas, y déjalos con la boca abierta.

Fase 6: Celebrar e innovar

Cuenta las historias, comparte las cifras, publica informes, captura los momentos mágicos y corre la voz sobre los logros de tu campaña. Aprende las lecciones, introduce cambios y perfecciona el proceso antes de repetirlo.

Ejemplos: una campaña semanal repetible para una empresa de salud y *fitness* que conozco es una sala de juntas de ocho clientes potenciales que asisten a una sesión de almuerzo y aprendizaje que organizan todos los miércoles. Una escuela de artes marciales que conozco ofrece sesiones informativas especiales sobre cinturones blancos para diez padres cada semana antes de una clase. Una organización de socios regala cada viernes un periodo de prueba de treinta días para cinco nuevos socios.

Las campañas trimestrales de estas empresas giran en torno a hacer algo especial cada trimestre. La empresa de salud y *fitness* invita a un respetado autor a un evento para ciento veinte personas; la escuela de artes marciales organiza cada trimestre un taller especial contra el acoso escolar para padres y adolescentes, y la organización de socios organiza eventos temáticos de etiqueta con artistas y premios.

Las campañas semanales y trimestrales se desarrollan en escalas de tiempo diferentes, pero ambas siguen los mismos seis pasos para lograr el resultado.

Puedes evaluar la preparación de tu empresa para las campañas en estas seis áreas para saber dónde centrar tu atención en <www.dent.global/campaignscorecard>.

¿Es este el único método para lograr un exceso de demanda? No.

La forma más poderosa de conseguir un exceso de demanda es destacar en absolutamente todo lo que haces. Invierte miles de horas en convertirte en el talento en bruto más visible, valioso y digno de mención de tu sector. Si estás a ese nivel, siempre tendrás un exceso de clientes.

También hay mucha gente que lo ha conseguido a base de suerte. Hay productos que son tan oportunos que se venden al instante, ideas que conectan con el espíritu de la época, tendencias que surgen de forma impredecible o recursos que aparecen por pura buena suerte.

Existen muchas formas de conseguir un resultado satisfactorio. Este método, sin embargo, funciona para la mayoría de la gente la mayor parte del tiempo, y te permite evaluar dónde centrar tu atención. Si algo sale mal, puedes identificar cuál de los seis pasos no se ejecutó de forma correcta. No hace falta tener un talento o una suerte inimaginables, pero te ayuda a mejorar y te desafía a dar lo mejor de ti mismo.

Exploremos este método paso a paso.

Actividad

¿Qué nivel de actividad semanal es necesario para alcanzar tus objetivos?

_____

_____

_____

¿Qué campañas trimestrales de promoción podrías organizar para atraer a tu mercado?

_____

_____

_____

¿Qué mensaje principal quieres compartir con la gente que sea más importante que lo que vendes?

_____

_____

_____

FASE 1

PLANIFICACIÓN DE LA CAMPAÑA: CONOCE TU CAPACIDAD, A QUIÉN VA DIRIGIDA Y CUÁNDO PUEDES ENTREGARLA

¿Cuántas relaciones extraordinarias puedes tener con tus clientes? ¿Cuántos productos épicos puedes vender? ¿En cuántas horas puedes entregar un trabajo bueno de verdad?

A la mayoría de la gente le encanta responder a esa pregunta con: «¡Tantos como la gente quiera comprar!». Sin embargo, eso no es así. Lo cierto es que tu capacidad es limitada. Incluso el *software* está limitado por el tamaño del mercado, el número de dispositivos compatibles y la infraestructura de soporte.

Una capacidad ilimitada de verdad para ofrecer un resultado extraordinario fuerza el precio a cero. ¿Es eso lo que quieres? ¿Tienes un modelo de negocio que pueda sostenerlo?

¿Por qué la gente finge que no tiene problemas de capacidad? ¿Por qué fingir que puedes atender a todo el mundo cuando no es así?

Es mucho mejor calcular a cuántas personas puedes atender como es debido y luego ser sincero con esa cifra. Si tu empresa solo puede atender bien a veintiún clientes al año, déjalo claro. Si te sientes cómodo proporcionando *software* solo a 10 400 suscriptores, dilo. Si tu máximo son 283 reservas de restaurante a la semana, sé claro al respecto.

Conocer tu capacidad real es poderoso. Es casi imposible lograr un exceso de demanda si no sabes cuál es tu capacidad.

Cada empresa tiene una capacidad determinada para ofrecer un producto o servicio extraordinario. Una vez que tratas de superarla, el nivel de exigencia en general tiene que bajar, y la gente no tiene la experiencia que pensaba que tendría. Y no solo los nuevos clientes, sino todos. Estos se sienten, pues, decepcionados, y, a partir de ahí, la cosa se complica. El negocio sufrirá a medida que la gente se entere de las experiencias decepcionantes de tus clientes.

Así que echemos otro vistazo a la capacidad de entrega de tu empresa. ¿A cuántos clientes puedes atender *como es debido*? ¿Cuántos productos puedes vender en realidad? ¿A cuántos clientes puedes hacer sentir realmente satisfechos?

Todo empieza con un cliente satisfecho

Quiero que te imagines a tu cliente perfecto. Esta persona es perfecta en todos los sentidos: es agradable trabajar con ella, paga cuando tiene que hacerlo, les habla de ti a sus amigos y vuelve con ganas de más. Te gusta trabajar con ella y tiene una buena opinión de ti.

¿Qué tiene esa persona que la hace tan perfecta?

Situémonos en el momento previo a que esta persona se convirtiera en tu cliente. ¿Qué quería conseguir? ¿Qué problema intentaba resolver? ¿Qué no era perfecto en su mundo?

Todas las empresas existen para resolverles problemas a sus clientes. La razón por la que tus clientes perfectos te adoran es porque les resuelves un problema de gran valor de una forma extraordinaria. Satisfaces una necesidad insatisfecha, cubres un vacío, haces que sientan una emoción que no habían sentido en ningún otro sitio.

A menos que puedas entender esa necesidad insatisfecha y cuál es el problema que resuelves para tu cliente perfecto, nunca podrás generar ese tipo de cliente.

De modo que echémosle un vistazo al problema que le resuelves a la gente. Los productos y servicios de alto valor están vinculados a cuatro factores subyacentes:

- Ahorrar o ganar dinero.
- Ahorrar tiempo o eliminar el desperdicio.
- Aportar mayores beneficios emocionales.
- Aliviar el dolor, el sufrimiento o las emociones negativas.

Por poner un ejemplo, examinemos todas las razones por las que alguien compraría un Rolex. Es un buen ejemplo porque, a primera vista, parece una compra muy extraña. Un Rolex solo tiene una función, es quinientas veces más caro que una alternativa viable y es más pesado e incómodo de llevar que otros relojes. Para colmo, si necesitas saber la hora o la fecha, puedes mirar tu teléfono, algo que la mayoría de la gente hace varias veces al día. Entonces, ¿por qué tanta gente todavía compra Rolex?

- **Para ahorrar o ganar dinero:** algunas personas le regalan un Rolex a un socio o a un miembro destacado del personal. Un reloj de diez mil dólares es impresionante y tiene más impacto que una prima de veinte mil dólares en efectivo. Otras personas lo utilizan como recompensa para el empleado más destacado de su equipo de ventas, lo que motiva a la gente a alcanzar objetivos, y otras lo llevan para comunicar su estatus, lo que les permite cobrar un precio más alto por sus servicios o conseguir acuerdos más importantes.
- **Para ahorrar tiempo:** un Rolex les ahorra mucho tiempo a algunos usuarios. Para las personas que conocen a gente nueva con regularidad, este reloj las ayuda a comunicarle a la persona que acaban de conocer que ya han tenido éxito en el pasado y que confían en poder repetirlo. Así evitas la necesidad de demostrar lo que vales.

- **Para aportar mayores beneficios emocionales:** un Rolex puede llevar asociados numerosos beneficios emocionales. Muchas personas compran uno para celebrar un hito o un logro, por lo que, cada vez que el usuario mira la hora, se acuerda de ese logro. También puede ser un regalo para un ser querido que comunica algo especial entre las dos partes.
- **Para aliviar el dolor, el sufrimiento o las emociones negativas:** por último, algunas personas se compran un Rolex porque no se sienten recompensadas, reconocidas o apreciadas y quieren algo que las haga sentirse especiales. La compra está pensada para aliviar los sentimientos negativos que tienen y sustituirlos por un conjunto de emociones positivas.

Cuando examinamos la compra de un Rolex caro a través de estos cuatro factores, de repente todo cobra sentido. Un reloj no es solo un dispositivo para dar la hora; es un dispositivo para ahorrar o ganar dinero, ahorrar tiempo, aportar beneficios emocionales o aliviar emociones negativas o dolor.

Actividad 1

Analiza algunas de tus compras recientes y enumera los motivos subyacentes. ¿Qué te ha impulsado a comprar determinados dispositivos, entretenimientos, vacaciones o ropa nueva? Busca el vínculo entre tu comportamiento de compra y estos cuatro factores subyacentes.

Actividad 2

Teniendo en cuenta los cuatro factores subyacentes, ¿puedes decir honestamente que tu producto también lo hace?

¿De qué modo tu producto hace ahorrar o ganar dinero a la gente?

_____

_____

_____

¿De qué modo tu producto ayuda a ahorrar tiempo o elimina el desperdicio?

_____

_____

_____

¿De qué modo tu producto brinda mayores beneficios emocionales que otros productos?

_____

_____

_____

¿Cómo elimina tu producto el dolor o las emociones negativas?

_____

_____

_____

Si puedes vincular de un modo genuino tu producto a estos cuatro factores, tendrás una visión más profunda de por qué la gente te lo compra a ti, y podrás posicionarlo para que sea más valorado.

Esto también te ofrece una nueva perspectiva sobre tu capacidad. En lugar de pensar en tu capacidad para fabricar y enviar un producto, facilitar una descarga, prestar un servicio o producir un aparato, ahora deberías pensar en tu capacidad para dejar a alguien encantado.

Lo que importa cuando se trata de la capacidad es tu habilidad para dejar a la gente encantada como resultado de hacer negocios contigo. Si una persona se marcha de tu negocio en el mismo o en peor estado emocional que cuando llegó, no has cumplido con tu objetivo. Y, cada vez que decepcionas a alguien, pones en peligro tu empresa.

Tu capacidad debe tener en cuenta todo lo necesario para que la gente se sienta animada. Por supuesto que Apple podría enviar más teléfonos si no cargara la batería en la fábrica; sin embargo, abrir la caja y descubrir que no pueden encender su nuevo móvil decepcionaría a los clientes. Es decir que, cuando piensan en su capacidad, tienen que incluir el tiempo que se tarda en cargar la batería antes de enviarla.

Un buen restaurante puede meterte prisa para que te marches cuando acabes de comer, pero entonces será poco probable que les digas a tus amigos que vayan allí. Cuando los restauradores piensan en su capacidad, deben tener en cuenta las largas charlas de sobremesa.

Un club nocturno de primera categoría puede apiñar a gente que no se ha esforzado en elegir su atuendo o también puede tener a los clientes haciendo cola hombro con hombro en la barra. Pero, si lo hicieran, no serían populares durante demasiado tiempo. Cuando los dueños de una discoteca piensan en su capacidad, tienen que pensar en cuántas personas caben en el local para que todo el mundo se lo pase bien.

Cuando presto servicios de consultoría a medida, dedico tiempo a investigar con detenimiento el negocio de mi cliente, a responder con rapidez a los correos electrónicos, a reflexionar, elaborar estrategias y pasar tiempo de calidad con él a lo largo del año. Debo tener estas necesidades en cuenta cuando pienso en mi capacidad para aceptar a clientes privados. Sin todo eso, soy menos capaz de que la gente quede encantada con lo que ha invertido.

¿Qué has hecho para que tus clientes estén tan contentos? ¿Qué ingredientes debes tener en cuenta para dejar a alguien satisfecho?

Cuando conozcas los ingredientes para crear a un cliente encantado, podrás trabajar hacia atrás a partir de ahí y calcular tu capacidad actual para hacer que alguien se sienta así.

¿Quién es tu mercado?

Lograr un exceso de demanda consiste en encontrar un mercado que te valore, que sea capaz de pagarte y al que quieras servir.

Esta combinación es importante, y no funcionará si solo se dan dos de los factores. Si los clientes te valoran mucho y a ti te gustan, pero no tienen dinero para pagarte, acabarás por arruinarte. Si tienen la capacidad para pagarte y te valoran mucho, pero no te apetece trabajar en ese mercado, te aburrirás o frustrarás antes de alcanzar el éxito. Si pueden pagarte y te gusta el mercado, pero no te valoran, te costará conseguir clientes.

Por eso se necesitan los tres.

Uno de nuestros clientes, David Boucher, ha creado algunos de los muebles más caros del planeta. Vende escritorios desde ochenta mil dólares, mesas de doscientos mil dólares e incluso un juego de ajedrez de dieciocho mil dólares. De hecho, a menudo sus muebles se venden por más dinero de segunda mano que nuevos.

Su empresa, Boucher & Co., es la única del mundo a la que se le encarga el interior a medida para un Rolls Royce. Desde su taller en Toowoomba (Australia), David y sus artesanos construyen estas piezas y las venden a millonarios y multimillonarios de todo el mundo y, a pesar de los precios astronómicos, hay lista de espera para comprar sus muebles.

Sin embargo, no podría vender sus productos al típico comprador de muebles de IKEA. Si intentara atraer a ese mercado, se llevaría una gran decepción e incluso empezaría a dudar de sus capacidades. Por suerte, ha encontrado el mercado adecuado para sus productos, donde ha logrado un exceso de demanda. Los multimillonarios a los que vende admiran su trabajo, tienen la capacidad para pagar sus modernos diseños *art déco* y David disfruta al servir a este mercado.

Por el contrario, conozco a una instructora de yoga frustrada porque, aunque está muy bien considerada como una profesional muy preparada, no consigue que la gente asista a sus clases. Su estudio está situado en una zona de bajos ingresos, pero, a pesar de eso, cobra una tarifa que la mayoría de la gente que vive allí no puede permitirse. El problema es que, como considera que los habitantes de las zonas más ricas son unos esnobs, no quiere abrir un estudio en esa zona.

Su fórmula no funciona. Quizá la gente de su zona la valore, pero no pueden pagar sus tarifas, y ella no quiere trabajar con la gente que sí que puede. Por lo tanto, le costará llegar a tener un exceso de clientes si no encuentra un mercado que la valore, que pueda pagarle y con el que ella quiera trabajar.

No te conformes solo con los clientes objetivo; desafíate a buscar también algunos clientes aspiracionales. A un cliente aspiracional no solo le encanta lo que haces, sino que también puede pagarte, y a ti te encanta trabajar con él. Además, atrae a nuevos clientes que también confían en su criterio. Así, por

ejemplo, un cliente aspiracional para un gimnasio sería una modelo de *fitness,* para una agencia de *branding* sería una marca muy respetada y para un *coach* empresarial sería una empresa tecnológica de rápido crecimiento que aparece a menudo en los medios de comunicación.

Actividad: ¿Quién es tu mercado?

¿Quién tiene la capacidad de pagarte?

_____

_____

¿Qué es lo que más valoran de ti?

_____

_____

_____

¿Qué te atrae de estas personas para trabajar con ellas?

_____

_____

_____

¿Quién sería un ejemplo de cliente aspiracional?

_____

Clientes frente a consumidores

Un consumidor compra algo; un cliente vuelve una y otra vez. Un consumidor es el resultado de una transacción, mientras que un cliente es el resultado de una relación.

Tu trabajo consiste en crearlos a ambos. Tu empresa tendrá que ofrecer productos y servicios a un precio más bajo para que la gente pueda probarlos y así tú también puedas decidir si te convienen. Por ejemplo, organizas un evento promocional y cien personas compran una entrada por cuarenta dólares. Esas personas son consumidores de tu empresa porque han comprado algo.

Quizá decidas entonces que te gustaría trabajar con veinte de esos cien de forma continuada. De esos veinte, consigues diez nuevos que te comprarán con regularidad porque mantienes y alimentas la relación.

No habrías encontrado esos diez clientes si antes no hubieras generado cien consumidores. Necesitas generar *muchos* consumidores que compren un «producto para clientes potenciales» a un precio de bajo riesgo, y luego tienes que discernir quién sería un gran cliente para ti a largo plazo.

Una barbería tiene mil *consumidores* al año que acuden a cortarse el pelo una o dos veces y también un grupo de *clientes* que se cortan el pelo en el mismo local todos los meses. La barbería debe saber distinguir entre ambos para ser capaz de convertir a los buenos consumidores en clientes entusiastas.

No hay nada malo en tener una interacción puramente transaccional con la gente si las condiciones son claras. Compran tu producto, es estupendo y son consumidores satisfechos. Sin embargo, a largo plazo, la única forma de mantener tu negocio es que algunos de esos consumidores satisfechos se conviertan en clientes satisfechos.

Por esa razón, necesitarás crear al menos dos tipos de productos:

- Un **producto para clientes potenciales:** destinado a generar muchos consumidores satisfechos, este producto es una forma poco arriesgada de tener una primera experiencia con tu empresa.
- Una **oferta principal:** una relación con el cliente completa y extraordinaria que evoluciona con el tiempo, refleja tu oferta principal y le resuelve un problema real a tu cliente.

Asumir la realidad

Hace poco hablé con alguien que quería publicar libros electrónicos en línea sobre cómo invertir en propiedades. Su intención era venderlos a 49 libras cada uno, y pensó que sería genial vender cien copias al mes y obtener ingresos pasivos. Sin embargo, su plan no funcionaba. La página había recibido pocas descargas y la mayoría de la gente quería activar la garantía de devolución de la totalidad del dinero.

Cuando le pregunté si ese producto dejaría encantada a la gente, soltó una perorata sobre lo encantada que estaría la gente si fuera capaz de ver un futuro financiero para sí misma, cuánto tiempo ahorraría su libro a la gente, cuánto dinero le haría ganar su libro, etcétera.

Le respondí que tenía mis dudas al respecto, y le expliqué que hay miles de libros sobre propiedades en Amazon que en su mayoría dicen lo mismo que el suyo. Además, hay un montón de libros, vídeos, páginas web, eventos y pódcast gratuitos sobre el tema, y detrás de todos ellos hay personas que dicen ser expertos inmobiliarios, de modo que ¿por qué alguien querría pagar 49 libras por otro libro sobre el mismo tema? En todo caso, me molestaría haber pagado por algo que podría conseguir mucho más barato o incluso gratis.

Él me respondió: «Mucha gente no sabe que puede conseguir esas cosas gratis. Me dirijo a gente que aún no lee ese tipo de libros».

Manifesté mi preocupación por el hecho de que, en algún momento, después de leer su libro, la gente descubriera que este era demasiado caro y quisiera que le devolvieran el dinero.

Y él me contestó: «Deberían estar agradecidos por haberlos metido en la industria; sin mí no habrían empezado. Deberían sentirse agradecidos por que me tomara el tiempo de escribirlo». A lo que yo le aseguré: «La gente no funciona así».

Este tipo de conversación es muy frecuente. Veo a muchos empresarios que tratan de convencer a los demás de por qué deberían estar encantados en lugar de reconocer que no lo están. Tu objetivo no es *decirle a la gente por qué debería estar encantada;* tu objetivo es observar y descubrir si la gente está encantada después de hacer negocios contigo. Si no es así, tienes un problema, y, por mucho que le expliques por qué *debería* sentirse así, no cambiará el hecho de que no se siente así.

No es tarea del cliente solucionarlo: o está contento o no lo está, ha visto el valor o no lo ha visto. Quizá te digan qué querían que fuera diferente, pero tu trabajo es encontrarle una solución al problema.

Conozco a otra empresa inmobiliaria que regala su contenido (libros, vídeos, recursos e informes) y habla sobre lugares de moda y tendencias del mercado. Esta compañía gana dinero cuando la gente decide poner en práctica la información recibida. Trabajan como un proveedor integral: te ayudan a encontrar una propiedad, renovarla y alquilarla a inquilinos de calidad por un precio alto. No se centran en los ingresos pasivos, sino en satisfacer a todas las personas con las que entran en contacto: los lectores, los compradores de propiedades y los inquilinos.

Tu trabajo consiste en enfocarte en crear un cliente encantado. Descifra el código de lo que constituye valor para él y la mejor forma de ofrecérselo.

Mantén la curiosidad y céntrate en la realidad de la situación. No veas el mundo como a ti te gustaría que fuera; observa lo que ocurre de verdad y sé consciente de que quizá debas hacer cambios hasta que tus clientes se marchen entusiasmados.

Actividad

¿Qué comentarios negativos suele recibir tu empresa?

_____

_____

¿Qué cosas menos positivas pueden decir a tus espaldas?

_____

_____

¿Cómo podrías cambiar las cosas para que tu negocio entusiasme a la gente?

_____

_____

_____

El número real

Ahora que ves tu negocio con otros ojos, ¿cuál es tu capacidad actual para crear un cliente encantado?

He realizado esta actividad con algunas personas, y su respuesta es cero. En la actualidad no tienen la capacidad de hacer que alguien se sienta encantado, por lo que el objetivo para su negocio es lograr ser capaces de que una persona se sienta encantada de hacer negocios con ellos. Necesitan innovar, reinventarse, cambiar sus precios o ir en busca del tipo de comprador adecuado.

No te desanimes si estás en ese bando. De hecho, debería emocionarte, porque tu objetivo es claro: mejorar la vida de una persona como resultado de hacer negocios contigo. Por otro lado, he trabajado con grandes empresas que ya tienen a miles de clientes y que deben ser honestas sobre el número de personas que están satisfechas frente a las que están encantadas. El trabajo de una gran empresa no es vender más cosas, es dejar a más gente encantada. Así, una compañía de este tamaño puede tener que empezar con un número como diez mil y trabajar para aumentarlo a quince mil en un año.

Recuerda que conocer tu capacidad consiste en saber a cuántas personas puedes dejar encantadas. Cuando tengas esa cifra, tendrás que desglosarla en un objetivo semanal y uno de campaña. Por un lado, el objetivo semanal se basa en el número de clientes que puedes generar con tranquilidad a través de las operaciones normales de tu negocio semana a semana. Por otro, los objetivos de la campaña destacada se basan en el número de ventas que puedes realizar gracias a tus campañas trimestrales.

Por ejemplo, una empresa de seguridad puede encantar a ciento veinte clientes nuevos al año. En una semana normal, es capaz de captar dos nuevas cuentas; por lo que, si consideramos los periodos vacacionales, el total asciende a noventa ventas al año. A continuación, la empresa programa cuatro campañas anuales que generarán un mínimo de ocho ventas cada una. Con toda esta actividad, la empresa superará con creces el límite de ventas y es posible que tenga que poner a algunos clientes en lista de espera.

¿Cuál es tu número? ¿A cuántas personas puedes dejar encantadas este año?

Tu calendario para lograr un exceso de demanda

Estaba en la cocina de una mansión multimillonaria frente al mar. Sobre la encimera de granito de diseño había un enorme gráfico del siguiente año que mi mentor utilizaría para planificar las campañas de los próximos doce meses.

Empezó programando sus vacaciones: reservó un viaje de esquí con su familia, uno en barco con sus amigos y varios fines de semana románticos con su mujer. A continuación, planificó la formación y el desarrollo. Había reservado varios cursos y formaciones a los que quería asistir y completar. También incluyó jornadas de formación con su equipo y otras de planificación para sus líderes cada trimestre.

Entonces me dijo: «La formación y el desarrollo son fundamentales. En función de lo rápido que quieras crecer, debes comprometerte a gastar entre el cinco y el diez por ciento de tus ingresos cada año en formación y desarrollo de alta calidad para estar siempre a la última».

Una vez que tuvo planeado lo importante, se centró en sus objetivos de ventas. Conocía sus cifras y las cantidades de ventas que necesitaría para que el siguiente fuera un año de prosperidad y crecimiento. Entonces diseñó campañas para cada semana y cada trimestre del año: tenía, entre otras, una campaña de San Valentín, otra de Semana Santa, otra de verano y otra de Navidad. Para cada semana, tenía un plan para impulsar su negocio y lograr un exceso de demanda.

Si lo divides a lo largo del año, para alcanzar tu meta de clientes deseada quizá solo necesites dos ventas semanales y otras doce procedentes de una campaña de promoción trimestral.

Para mantener el exceso de demanda, es necesario conocer en todo momento la capacidad de la empresa y planificar las

SOLO ME QUEDAN TRES

campañas con un año de antelación. Tienes que saber a cuántos clientes puedes satisfacer y *cuándo* puedes hacerlo. Para alcanzar este objetivo, debes pensar en el futuro *en todo momento*. Una campaña potente necesita tiempo para cobrar impulso. De lo contrario, no se acumulará la energía necesaria para crear una avalancha de compradores.

Cuando conozcas el número de clientes que quieres conseguir en los próximos meses, divide esa cifra para poder empezar a hacer una campaña y lograr un exceso de demanda.

• ¿Cuántos clientes quieres tener al año?

_____

• Si lo divides, ¿cuántos clientes quieres por campaña semanal? (Doy por hecho que solo cuarenta y seis semanas al año serán productivas).

_____

• ¿Cuántos clientes quieres por campaña trimestral?

_____

Es interesante el hecho de que, cuando lo divides, la mayoría de la gente se siente más empoderada al saber que su negocio tendrá un exceso de demanda si puede cumplir esos objetivos, en lugar del interminable juego de perseguir a «un cliente más».

Crear un tema de campaña

Toda campaña debe tener un tema. Es habitual que las empresas hablen de acontecimientos estacionales, como la Navidad, San Valentín o Semana Santa, y también es habitual que se realicen campañas basadas en promociones de precios, lanzamientos de nuevos productos o eventos especiales. Aunque estos temas pueden ser muy eficaces, a menudo, si hay muchas empresas con mensajes similares, no te distinguen de los demás.

Sin embargo, es imposible competir con una campaña que habla de algo más grande que tu producto o servicio.

Chipotle es un restaurante mexicano de comida rápida, pero, si hablan de comida rápida mexicana, se convierten en algo común, aburrido, y se convierten en uno más entre muchos iguales. En lugar de hablar de burritos y salsa, ellos hablan de «cultivar un mundo mejor».

La cadena alimentaria ha creado anuncios icónicos que abordan los problemas de la ganadería industrial y los daños causados por alejarse de los métodos tradicionales de producción de alimentos. Muestran a granjeros disgustados por el trato que reciben los animales y entristecidos por los productos químicos y las pérdidas que provocan. Entonces, estos agricultores deciden volver a los métodos tradicionales, y el mundo es mejor gracias a ello.

Los anuncios apenas mencionan a Chipotle y no hablan en absoluto de la comida mexicana, pero han tenido decenas de millones de visitas en YouTube y se han compartido millones de veces en redes sociales. Está claro que nunca habría ocurrido si hubieran hablado de sus productos.

Las empresas con exceso de demanda suelen hablar de algo más grande que lo que hacen: hablan del estilo de vida de sus clientes, de filosofía, de un gran problema que quieren resolver o de la transformación que quieren ver en el mundo.

Debes buscar el objetivo más amplio que tu empresa persigue y vender esa idea en tus campañas. Es mucho más atractivo, tanto para ti como para tus clientes, involucrarse en un juego más grande que centrarse solo en los productos y los servicios básicos que vendes.

En una famosa campaña de Nike, Michael Jordan se sinceró sobre todos sus fracasos. Habló de todas las veces que falló, y de cómo esto le costó el partido a su equipo, y explicó que el fracaso es una parte importante del éxito. No se mencionan las zapatillas ni la ropa y, de hecho, la marca Nike no aparece para nada en ese anuncio (solo el logotipo de Air Jordan).

Steve Jobs reinventó Apple con la campaña «Think Different» ('Piensa diferente'). En ella defendía a los «inadaptados y rebeldes» y nos recordaba que son las personas «lo suficientemente locas» las que cambian el mundo. Era una idea que iba mucho más allá de los discos duros, la velocidad de los procesadores y la memoria RAM.

Todas las empresas, incluida la tuya, contribuyen de un modo significativo al mundo, y tienes que ser lo bastante valiente para compartirlo. Hace falta coraje para dejar de promocionar tus productos y empezar a hablar de tus grandes ideas, pero merece la pena.

Cuanto menos, habla de los resultados y los beneficios que puedes aportar más que del producto en sí. Mi empresa, Dent, habla de la importancia de convertirse en una persona clave de influencia, ya que este resultado claro es más interesante que los servicios y la formación que ofrecemos para conseguirlo. Otra alternativa es hablar del dolor y la frustración que la gente siente. Uno de los primeros titulares de prensa que escribí, y que fue muy eficaz para un cliente de planificación financiera, fue: «¿Te sientes mal al ver cómo tus inversiones no crecen?». Esta frase resonó con las frustraciones de la gente en un momento en el que el mercado estaba estancado.

No esperes que las personas se emocionen con la mercancía que vendes. Una campaña centrada en los aspectos concretos de lo que haces se reducirá muy pronto al precio. Por ejemplo, si tienes un restaurante italiano y haces una campaña sobre tu comida, la gente evaluará lo que ofreces por los precios que cobras en comparación con restaurantes de una calidad similar. Sin embargo, si creas campañas sobre temas como el tiempo en familia, los acontecimientos deportivos o las películas, la gente no podrá comparar tu servicio con tanta facilidad.

Las mejores campañas, y las más duraderas, se centran en un propósito. La razón por la que empezaste tu negocio o elegiste trabajar en el equipo del que formas parte no es solo el dinero; haces lo que haces porque crees que hay algo más aparte del dinero. Si logras que otras personas crean lo mismo que tú, también querrán formar parte de lo que haces. La clave está en hablar de algo más grande que lo que haces.

Elige siempre un tema de campaña con cuidado y ejecútalo con maestría; puedes ir a lo seguro y centrar tus mensajes en acontecimientos especiales, promociones y precios, o puedes ir realmente a por todas y hablar de tu visión más amplia del mundo.

Actividad

¿Por qué te apasiona tu negocio más allá del dinero?

_____

_____

_____

¿Cómo puedes hacer que los demás también se sientan así?

_____

_____

_____

¿Qué temas atraerían a tus clientes que no tienen nada que ver con los aspectos concretos de lo que vendes?

_____

_____

_____

Crea un calendario de campaña

Cuando tengas claro el número de campañas que planeas realizar, deberás desglosarlas aún más en una línea temporal y dividir cada una en varias etapas:

1. La fecha de inicio y fin de cada campaña.
2. El calendario de comunicaciones: correos electrónicos, correo postal, comunicados de prensa, publicidad, etcétera.
3. Los hitos: subidas de precio, fechas límite, ofertas anticipadas.
4. Eventos de apoyo: reuniones de socios, eventos previos al lanzamiento, celebraciones, reuniones de ventas, etcétera.
5. Actos principales: espectáculos, seminarios, fiestas de lanzamiento de producto, gran inauguración, etcétera.
6. Reuniones de ventas: presentaciones individuales, llamadas de seguimiento, etcétera.
7. Fechas de envío: envío de productos, entrega del servicio, etcétera.
8. Actividades posteriores a la campaña: relato de los hechos, comunicación de los resultados, seguimiento, mensajes de agradecimiento, etcétera.

Todas estas etapas deben situarse en una línea temporal, que puede ser mensual para las campañas pequeñas o semestral para las grandes. Mi método consiste en crear cronogramas de campaña en un gran póster o en una pizarra blanca. Nuestro equipo trabaja en conjunto para definir tantos detalles como podamos: apuntamos cada correo electrónico, cada reunión, todos los seminarios web, cada anuncio, cada publicación en Facebook y cada reunión de ventas. Cuando terminamos, le hacemos una foto y se la mandamos a nuestro diseñador grá-

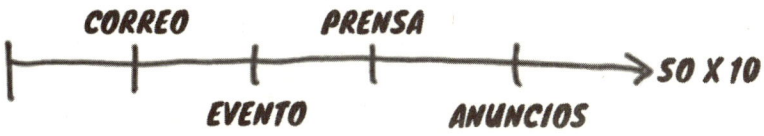

fico, que crea la línea temporal de nuestra campaña. La imprimimos en un póster y lo colgamos en la pared de la oficina para poder tachar todos los días cada hito alcanzado.

No es posible que nos confundamos. Miramos el calendario de la campaña y hacemos lo que dice.

En el calendario de la campaña también podemos ver qué herramientas y recursos necesitaremos para alcanzar nuestros objetivos, ya que nos permite saber los correos electrónicos y los blogs que habrá que escribir, los vídeos y pódcast que habrá que producir y los anuncios y publicaciones en las redes sociales que necesitaremos para promocionar la campaña. También podemos identificar la tecnología que necesitaremos para que la campaña se desarrolle sin problemas, así como a las personas a las que tendremos que involucrar en cada fase del calendario.

Si deseas descargarte un ejemplo de cronograma de campaña que utilizamos para promocionar un evento de quinientas personas, visita <www.dent.global/os-timeline>.

Actividad

¿Quién es tu cliente perfecto?

_____

_____

¿Cuál es tu principal oferta para los clientes?

_____

_____

¿Cuál es tu producto para atraer a clientes?

_____

_____

¿Cuántos clientes harán que tu empresa logre un exceso de demanda el año que viene?

_____

_____

¿Cuántas campañas realizarás el año que viene?

_____

¿Cuántos clientes necesitas generar por cada campaña?

_____

Hemos visto algunos factores importantes para planificar tus campañas anuales con antelación. Ya sabemos a quién quieres atender, qué capacidad tienes para crear un cliente encantado y cuándo quieres atraerlo, y hemos considerado los temas de las campañas y cómo comunicarlos a lo largo del tiempo. Ahora tenemos que dar el siguiente paso: mostrarle al mercado lo que planeas y conseguir que este te indique a la vez su intención de comprar, para construir así un mercado que sea receptivo.

FASE 2

PREPARACIÓN: ENTRETENER AL MERCADO MIENTRAS ENVÍAS Y RECOPILAS SEÑALES

Las personas necesitan un tiempo para decidir si quieren comprar algo o no y, en general, si se enteran de que hay algo nuevo a la venta, no suelen comprarlo de inmediato. Necesitan tiempo para aprender, confiar, explorar y prepararse para actuar. La fase de preparación lo respeta, y genera un intercambio de señales con el mercado antes de pedir un compromiso firme.

El poder de las señales

El festival de música de Glastonbury está considerado una institución en el panorama musical. Hace más de treinta años que se celebra y cada año atrae a más de ciento veinte mil personas, que en su mayoría acampan durante los cuatro días que dura el evento.

Vender ciento veinte mil entradas parece una tarea titánica y, sin embargo, cada año lo consiguen en cuestión de minutos. Lo saben hacer a las mil maravillas, y eso implica muchas señales.

Si deseas asistir, lo primero que tienes que hacer es manifestar tu interés al preinscribirte para comprar las entradas.

Después, los organizadores te enviarán un correo electrónico con un resumen de las normas y directrices para la compra, así como la fecha en que se pondrán a la venta.

A continuación, te preguntan cuántas quieres comprar. Si entras en su página web e indicas que quieres un máximo de seis, te responderán que dispondrás de un breve plazo para comprarlas en la fecha de lanzamiento.

Una semana antes de que salgan, dan a conocer la hora y la fecha exactas en que estarán disponibles las entradas. Comparten abiertamente que hay más de trescientas cincuenta mil personas preinscritas, pero que solo sacarán ciento veinte mil entradas, y recuerdan que acostumbran a agotarse en menos de treinta minutos desde que se ponen a la venta. También informan de que todavía no dirán los nombres de las bandas que tocarán; hay que comprar las entradas a ciegas.

Te dicen que en los meses posteriores a la compra de tu entrada darán a conocer el cartel de bandas que actuarán en el festival y que, si no estás satisfecho con los grupos, dispondrás de un corto plazo para renunciar a ella y pedir el rembolso. Este será asimismo el pequeño lapso de tiempo (unos cinco minutos) durante el cual los que se quedaron sin entradas podrán comprar las que se han devuelto.

Suena a un proceso complicado, ¿verdad? ¿Por qué no puedes comprar una entrada cuando quieras? ¿Por qué no te dicen quiénes son los grupos y así compras una entrada si te apetece? ¿Por qué no puedes pedir el rembolso cuando quieras? ¿Por qué no pueden los organizadores estresarse durante todo el año mientras esperan que compres cuando estés listo en lugar de obligarte a seguir su plan?

La respuesta a todas estas preguntas es que los organizadores del «Glasto» no son tontos. Saben cómo mantener el exceso de demanda, y las señales son una parte importante de ello.

Mandar señales consiste en decirle a la gente lo que ocurrirá antes de que ocurra. Se trata de explicar el proceso y las condiciones con antelación para que el mercado se prepare, así como de conseguir que el mercado te indique sus intenciones antes de actuar, en lugar de pedirle a la gente que actúe.

Mandar señales al mercado es uno de los principales factores para lograr un exceso de demanda. Las empresas que no lo consiguen no lo hacen demasiado, y tampoco piden a sus clientes que lo hagan. Si quieren vender un nuevo producto, tan solo lo ponen a la venta en su página web o tienda y esperan a que la gente lo compre.

Una empresa impulsada por una campaña no hará eso. Todo lo contrario: señalará su intención de lanzar un nuevo producto, dará a conocer información sobre él antes incluso de que pueda comprarse, le pedirá a la gente que responda con preguntas y comentarios sobre lo que han visto, les hará saber que hay una capacidad limitada disponible y le pedirá a su mercado que le indique si tiene intención de comprarlo cuando salga a la venta.

Durante la fase de preparación, una empresa impulsada por una campaña no espera vender algunos productos, sino que se asegura de forma estratégica de que tendrá un exceso de demanda cuando llegue el momento de realizar las ventas.

No pidas la venta, pide la señal

La mayoría de las empresas ponen sus productos principales directamente a la venta, y no piden señales ni tienen productos para clientes potenciales. Por ejemplo, si tienen un producto que vender, publican un anuncio para pedirle a la gente que lo compre. Si tienen la capacidad de aceptar más clientes, los llaman por teléfono y les preguntan si quieren convertirse en clientes. Esto rara vez resulta en que las personas se apresuren a comprar, y con ello una empresa nunca logrará un exceso de demanda.

En lugar de pedirles que compren, pídeles que muestren interés. Hazles saber que pronto habrá un producto a la venta y que, si están interesados en recibir más información, pueden enviar una solicitud por correo electrónico o rellenar un formulario de manifestación de interés. Esto supone un compromiso mucho menor para ellos, porque, en lugar de tener que sacar su tarjeta de crédito en ese mismo momento, tan solo deben rellenar un formulario, hacer clic en «me gusta» o responder a un correo electrónico.

Lo he probado muchas veces, y los resultados siempre me emocionan, incluso a pesar de que sé lo que me espera. Cuando le pides a la gente que compre directamente, solo tiene dos opciones: comprar o no comprar. Es una decisión binaria; sin embargo, la gente no es binaria.

¿Y si alguien está dispuesto a comprar algo en un noventa por ciento? Está interesado en lo que le ofreces y es probable que lo compre si antes resolviera un par de cosas. Si le das la opción de comprar o no comprar, la elección binaria lo obliga a *no* hacerlo. Esto significa que es posible que cientos de personas vean tu oferta, estén muy interesadas, pero no del todo decididas a comprar, y que tú no sepas que lo están.

Tendrás una idea más clara si le pides a la gente que manifieste su interés. Hasta las personas a las que solo les interesa un diez por ciento de lo que tienes pueden hacerlo y, una vez que lo hayan hecho, debes asegurarte de que tienen toda la información que necesitan. O quizá la señal de interés las incite a obtener las respuestas que necesitan para interesarse al cien por cien. El nivel de su interés también podría generar entusiasmo e impulso por tu producto, incluso si la venta no se lleva a cabo.

Una gran parte de lograr un exceso de demanda implica pedirle a la gente señales en lugar de ventas. Debes tener paciencia para transmitirle tus intenciones al mercado y para dejar que este te indique las suyas.

Las cinco claves de la captación de clientes potenciales

El objetivo durante la fase de preparación es aumentar la presión de compra. Se trata de que crees una gran expectación para que el lanzamiento del producto sea un éxito. Para crear esta tensión de demanda, utilizamos cinco enfoques principales para hacer correr la voz:

- **Crear expectación:** esto implica utilizar tu tiempo para contactar directamente con las personas que podrían estar interesadas en hacer negocios contigo y conseguir que te indiquen su interés. Organizas una sesión de preguntas y respuestas en Facebook Live para tu red y les respondes a los que han hecho preguntas para informarlos de tu campaña. Asistes a un evento de *networking,* recoges tarjetas de visita y envías mensajes de texto sobre la campaña. Intervienes en foros de debate, respondes a preguntas y aportas valor, y luego envías mensajes privados sobre tu campaña. Lleva tiempo, pero no cuesta mucho dinero; esta es la forma en que empiezan muchos emprendedores.
- **Empresas conjuntas:** encuentra a otras personas u organizaciones que ya tienen una relación con tus clientes perfectos y encuentra la forma de asociarte con ellos.

La clave está en encontrar a personas que tengan el mismo mercado que tú, pero que no sean competencia para el producto que vendes. Por ejemplo, un cine podría asociarse con un restaurante local para crear una oferta de película y comida o un contable podría asociarse con un *coach* empresarial para organizar juntos eventos inspiradores denominados «Conoce tus números, lidera a tu gente».

- **Publicidad:** en última instancia, la publicidad es la forma más escalable de generar negocios, siempre y cuando puedas demostrar el retorno de la inversión. El negocio se simplifica cuando puedes controlar el flujo de clientes de forma predecible a través de Facebook, Google u otras plataformas publicitarias. Pero, para que esto funcione, tienes que ser capaz de medir el coste por venta permitido y asegurarte de que tu gasto en publicidad se mantiene dentro de él. La Administración de Pequeñas Empresas de Estados Unidos recomienda destinar entre el siete y el ocho por ciento de los ingresos brutos a *marketing* y publicidad si tus ingresos totales son inferiores a cinco millones de dólares.

- **Referencias:** la forma más agradable de hacer crecer un negocio es a través de las recomendaciones de clientes satisfechos. Cuando te recomiendan, el proceso de venta es fácil y las posibilidades de deleitar al siguiente son altas. Sin embargo, las recomendaciones no siempre son orgánicas, y puedes pedirlas como parte de tu proceso o incluso incentivarlas con promociones especiales.

- **Datos propios:** cuando tu empresa lleva varios años en el mercado, puedes haber acumulado una gran lista de nombres en tu base de datos. Mantener a estas personas comprometidas y conectadas con tu negocio te brindará grandes beneficios, porque ya has pagado los costes de conseguir tenerlas en tu lista. El hecho de que la gente no compre de inmediato no significa que no lo haga dentro de un año; por diversas razones, algunas personas tardan en actuar, pero al final compran. Tus propios datos no son solo los de tu sistema de organización comercial (SOC), sino también los de las personas que siguen a tu empresa en las redes sociales.

Piensa primero en los dispositivos móviles y en contenido multimedia

Es probable que las primeras interacciones de las personas con tu empresa, entre una y cinco, se produzcan en su dispositivo móvil, a través de medios de comunicación o contenido multimedia. Si les envías un correo electrónico, es probable que lo vean primero en su teléfono; si compartes un vídeo, una foto, una actualización de estado, una invitación a un evento o la descarga de un PDF, lo más seguro es que les llegue primero al móvil. Cuando pienses en enviarles señales a tus clientes o clientes potenciales, lo más acertado es imaginártelos con el teléfono en una mano.

Por supuesto, las personas se distraen con otras cosas mientras lo hacen. Quizá están en el coche, viajando en tren, viendo la tele, parados en una escalera mecánica, de compras o con un amigo en una cafetería. Si no captas su atención, tienen infinidad de cosas que hacer, y solo se tarda una fracción de segundo en ponerse a leer otro tuit, publicación de Facebook, resultado de búsqueda, canción, mapa, correo electrónico, juego o película. Esto significa que, si no dominas las señales correctas para un dispositivo móvil, es probable que el negocio no avance más allá de eso.

Los profesionales del *marketing* solían pensar en los clientes potenciales sentados en su escritorio y prestando toda su atención a lo que estuvieran haciendo. Si consultaban el correo electrónico, no estaban también esperando en la cola para pedir un café. A principios de la década de los 2000, yo ganaba dinero imaginando a los clientes potenciales sentados leyendo el periódico, hojeando los titulares y sin hacer mucho más.

Pero mantener esa imagen en mi mente hoy sería inexacto y potencialmente perjudicial si me llevara a crear el mensaje equivocado para los canales equivocados.

Tal vez no te consideres una empresa tecnológica o de medios de comunicación, centrada a diario en la creación de contenido, la distribución de medios, el *software,* los datos y la automatización. Sin embargo, hoy en día esa es una postura ingenua, porque, sea cual sea tu negocio, también es una empresa de medios de comunicación y tecnología. Es casi imposible lograr un exceso de demanda a cualquier escala sin usar estas herramientas. De modo que, si no te sientes cómodo con ello, será mejor que contrates a alguien que sí que lo esté.

Pensar en dispositivos móviles y medios de comunicación significa hacer lo siguiente:

- Comunicar de forma clara, concisa e impactante en mensajes breves que enlacen con contenido adicional.
- Utilizar imágenes y vídeos que se carguen rápido.
- Producir contenido, imágenes, grabaciones, vídeo y narración de historias de calidad.
- Tener botones que funcionen con facilidad en un teléfono.
- Tener páginas web con capacidad de respuesta que se vean bien en todos los tamaños de pantalla.
- Contar con complementos para compartir en redes sociales que funcionen en el móvil.
- Ofrecer actualizaciones frecuentes que conecten con la gente.
- Utilizar contenido relacionado con la ubicación de las personas.
- Utilizar el contexto a tu favor.

En la fase de preparación de tu campaña, necesitas un arsenal de activos digitales bien planificados y listos para desplegarse en el dispositivo principal de los usuarios: su teléfono.

155

Educar y entretener

Ya le has mostrado al mercado tus intenciones y le has pedido que te responda con su interés, y lo ha hecho. Sin embargo, aún no es el momento de pedir la venta. Ahora que has logrado captar la atención de un público interesado, tu trabajo consiste en educar y entretener a esas personas hasta que se sientan totalmente cómodas con la idea de comprar tu producto.

El entretenimiento es una forma poderosa de conseguirlo. Puedes construir relaciones, conexiones y despertar emociones. Por ejemplo, el deporte, la música, el arte, la comida, las bebidas, el humor, las presentaciones, la moda o el teatro son herramientas para entretener a los clientes potenciales durante la fase de preparación.

La educación también es poderosa, ya que genera confianza, comprensión y compromiso. La formación, los seminarios, los seminarios web, los talleres, los manuales, los informes, las estadísticas, el liderazgo intelectual, la orientación, las reuniones y la medición son herramientas para educar a las personas interesadas.

EDUCAR　　ENTRETENER

Sin embargo, hay que tener cuidado al combinar entretenimiento y educación. Tratar de hacer ambas cosas a la vez y en igual medida no suele tener éxito, y puede salir mal si se sirve en las dosis equivocadas. Imagínate que detienen la final masculina de tenis en Wimbledon para darle a todo el mundo una clase de tenis. Sería raro, ¿no?

La mejor fórmula es combinar estos dos elementos siguiendo la regla del 80-20. Si formas a la gente en un taller, puedes utilizar pequeñas dosis de humor en la presentación, servir buena comida para el almuerzo y tomaros unas copas en un lugar elegante al terminar. El objetivo debe ser un ochenta por ciento de formación mezclado con un poco de entretenimiento. Si entretienes a la gente en un evento deportivo, puedes repartir algunos kits informativos, contar con la presencia de algunos de tus ingenieros en el evento para mantener conversaciones paralelas que surjan de forma natural o programar una charla la semana siguiente para responder a preguntas. Lo mismo, pero al revés: un ochenta por ciento de entretenimiento con un poco de educación.

Tu objetivo final es conseguir que las personas interesadas en hacer negocios contigo pasen del «quizá lo haga» al «me encantaría hacerlo». Ese objetivo puede llevar tiempo: siete horas, para ser concretos.

El «7-11-4» crea deseo

Quedamos para una reunión de negocios a las dos de la tarde en una cafetería. Después, dimos un paseo hasta un bar en una azotea, donde nos tomamos un vino. A continuación, fuimos a cenar a un restaurante. Para cuando dieron las nueve de la noche, ya estaba seguro de que era mi «media naranja». Hablamos de la vida, los valores, el pasado y el futuro, y me invadió un sentimiento nuevo y desconocido hasta entonces. Aunque suene a cliché, estaba seguro de que al final me casaría con esa mujer.

157

Es curioso que la historia de cómo conocí a mi mujer coincida con la de muchas otras parejas. Para muchas personas, esa sensación de «saber» aparece después de las primeras citas. También es curioso cómo la gente tiende a tomar todo tipo de decisiones importantes de la misma manera en un contexto empresarial.

Como ya he mencionado antes, las grandes decisiones llevan unas siete horas, once interacciones o cuatro lugares o fuentes de información distintas para crear un sentimiento de confianza. Tanto si te enamoras como si compras un coche nuevo, cambias de profesión, contratas a un asesor o eliges un destino de vacaciones, cuando sumas todo el tiempo que pasas explorando, investigando y pensando en ello, puedes estar seguro de que acumularás un montón de tiempo, interacciones y lugares.

También es lógico que, si alguien está dispuesto a invertir siete horas en informarse sobre un tema, es solo porque le interesa. Si no hubiera sentido ninguna conexión, no habría llegado a la meta de las siete horas; lo habría dejado antes. Durante esas siete horas, once interacciones y cuatro localizaciones, las personas establecen sus criterios, buscan la relevancia, desarrollan una conexión emocional y construyen confianza, entendimiento y comprensión.

Entonces ocurre algo mágico: te hartas de pensar en ello y estás listo para tomar una decisión.

¿Cómo te ayudará esto a conseguir un exceso de demanda?

Si vendes algo con lo que el comprador debe establecer una conexión emocional, desarrollar confianza o adquirir nuevos conocimientos —y si debe tomar una decisión importante—, sería una tontería tratar de forzar que la operación se complete antes de las siete horas.

Los empresarios japoneses lo saben, y rara vez hablan de negocios hasta después de uno o dos partidos de golf. De hecho, sacar el tema de los negocios demasiado pronto puede echar por tierra el acuerdo. Solo cuando se haya establecido la confianza y la conexión necesarias, la conversación se centrará en los negocios.

Incluso en una situación en la que hay mucho en juego, los negociadores del FBI afirman que es seis veces más probable que la gente acepte un trato si el negociador le cae bien.

Durante la fase de preparación, debes contar con muchas formas de conectar con la gente: enviar correos electrónicos meditados con información relevante, crear vídeos que la gente quiera ver, pódcast que la gente quiera escuchar, eventos a los que la gente pueda asistir y cualquier otra cosa que facilite la experiencia de 7-11-4.

En cada paso, debes ofrecerles a los usuarios una forma sencilla de que te demuestren su interés, lo cual puede ser tan fácil como pedirles que te envíen un correo electrónico, depositen su tarjeta de visita en un recipiente o rellenen un formulario básico. Mientras entretengas y eduques a tu mercado, presta mucha atención para captar las señales de interés que recibas a cambio.

No obstante, nada de esto importa si vendes algo trivial sobre lo que una persona no necesita aprender. Tampoco importa si te conformas con competir solo en precio, y con márgenes ínfimos. Pero, cuando quieres ofrecer algo nuevo o importante y quieres que se te recompense como es debido, la regla de 7-11-4 es vital. Espera que las personas interesadas «se lo piensen» hasta siete horas mientras exploran sus opciones. Ten en cuenta también si es más probable que te elijan a ti si les ofreces siete horas de contenido multimedia, ideas, conversación y conexión.

Tu objetivo es que el mayor número posible de personas pase siete horas utilizando tus herramientas de entretenimiento y educación. No debes hacerlo de forma extraña, molesta o fastidiosa: quieres que la gente desee pasar siete horas contigo. Puedes organizar grandes fiestas, reuniones del sector o tomarte un café con ellos una vez al mes. Mientras les guste pasar tiempo contigo, no será tiempo perdido.

Después de tener una relación 7-11-4 ocurren dos cosas muy buenas. En primer lugar, no te sientes incómodo al ofrecer algo de valor; en segundo lugar, es menos probable que arruines la relación al ofrecer algo en lo que no crees plenamente.

A algunos les parecerá agotador, pero te animo a que pongas a prueba la regla de 7-11-4 en tu propio negocio y compruebes si la vida te resulta más fácil. Si tu experiencia es como la mía, descubrirás que no necesitas esforzarte demasiado para conseguir ventas, que logras mejores empresas conjuntas y asociaciones y que, además, te diviertes más; y todo ello pasando tiempo de calidad con las personas.

El cerebro no sabe que es digital

Las redes sociales y la tecnología digital permiten aprovechar aún más este proceso. Si la gente lee tus blogs, sigue tus publicaciones, ve tus vídeos en línea, escucha tus pódcast, clica en tus diapositivas u mira tus fotos, es como si estuvierais sentados cara a cara. Curiosamente, el cerebro humano no distingue entre los medios digitales y la vida real. Nos sentimos tristes cuando muere un famoso, aunque nunca lo hayamos conocido en la vida real, porque las interacciones digitales, como los medios de comunicación o los mensajes de texto, provocan la misma respuesta que los momentos de conexión en persona.

Los anuncios de famosos son eficaces por la regla de las siete horas: ves que una persona conocida, a la que seguro que has visto durante siete horas, recomienda un producto. Las empresas que utilizan el apoyo de famosos aprovechan con eficacia las relaciones de siete horas ya establecidas.

Una de las razones por las que escribo libros es porque, cuando se publican, construyen relaciones con la gente a una escala que nunca podría lograr por mí mismo.

He visto a gente tuitear «Estoy acurrucada en la cama con Daniel Priestley» o «Estoy sentado en la playa, disfrutando de mis vacaciones con Daniel Priestley». Por supuesto, solo leen mi libro, pero parece mucho más personal que eso.

En cambio, Google lo ve de otra manera. Lo llaman «momento cero de la verdad» (ZMOT, por sus siglas en inglés), que es otro nombre para los diversos puntos de contacto o datos que una persona puede encontrar sobre ti cuando toma una decisión de compra. Su investigación indica que se necesita una media de once ZMOT, o puntos de contacto, para generar confianza con alguien, y defienden que muchos de estos puntos de contacto pueden ser contenidos digitales, pues tienen el mismo efecto.

Así pues, deberías disponer de siete horas de contenido digital, y deberías preparar al menos once interacciones en por lo menos cuatro canales de redes sociales distintos. Artículos, pódcast, vídeos, aplicaciones, cuestionarios, informes, ilustraciones, libros, estudios de casos, eventos e incluso tuits, todo cuenta para lograr tu objetivo. Hazlo bien y tus activos digitales saldrán al encuentro de la gente donde y cuando les convenga.

Productos de mercado para clientes potenciales

Como ya sabrás, tu capacidad se basa en tu habilidad para ofrecer una solución completa e impactante a una persona que pueda pagar por ella un precio que sea rentable. Llamemos a ese producto o servicio, sea cual sea, tu *oferta principal*. Si eres BMW, tu oferta principal son los coches; si eres HSBC, tu oferta principal son las finanzas; si eres un restaurante, tu oferta principal son las comidas. En resumen, es aquello por lo que se te conoce y con lo que acostumbras a ganar dinero.

Vender tu oferta principal es el objetivo final, pero, para lograr un exceso de demanda de esa oferta, tendrás que educar y entretener a la gente durante siete horas, once interacciones o cuatro ubicaciones.

La vía rápida para obtener una señal sólida de tu mercado y, al mismo tiempo, acumular tiempo e interacciones con ellos es vender productos para clientes potenciales. Se trata de productos diseñados para ofrecerse a un precio bajo o de forma gratuita con el fin de lograr el objetivo de educar o entretener a las personas. Un libro es un producto para clientes potenciales, un pódcast es un producto para clientes potenciales y una descarga de *software,* una muestra, un taller, un diagnóstico, un informe, una fiesta, entradas para un partido, mercancía o ropa también podrían serlo.

Si BMW quiere vender más coches, podría anunciar coches, o podría anunciar un evento exclusivo, una prueba de conducción un fin de semana o entradas para acudir a su carpa en las carreras. Todas estas acciones previas indicarían que una persona está lo bastante interesada para invertir algo de dinero o de tiempo en la marca. HSBC podría vender más hipotecas si creara un informe impactante, publicara un libro, organizara una serie de charlas u ofreciera una descarga de *software* útil.

Tu empresa venderá más de tu oferta principal si también produces más productos para clientes potenciales. Es una actividad sencilla: tu trabajo consiste en crear productos escalables que eduquen o entretengan a tu mercado. Lo ideal es crear asimismo un producto para clientes potenciales que te ayude a conocerlos mejor. Para ello, quizá necesites sus datos de contacto o entender mejor sus necesidades. Un producto para clientes potenciales bien diseñado logrará esos objetivos.

Mi primer negocio prosperó porque creamos el taller de introducción perfecto. Nuestra oferta principal era un programa de formación de tres meses, pero nunca lo comercializamos como tal. En su lugar, promocionábamos un evento de presentación de dos horas. Gracias a ello, una media de setenta personas acudía al evento y entre diez y quince compraban luego el programa de formación más extenso.

Unos años más tarde, me metí en el negocio de los colchones y apliqué la misma estrategia. Organizábamos una cena semanal sobre el sueño y el bienestar, en la que contábamos lo importante que es dormir bien para la salud, qué nos impide dormir bien y cómo un entorno de sueño adecuado favorece un sueño más profundo. Al final de la presentación, unas diez personas de los cuarenta asistentes compraban nuestro paquete de colchón y ropa de cama.

Piensa en lo seguro que te sentirías si tuvieras la capacidad para aceptar diez clientes al mes y doscientas cincuenta personas al mes acudieran a tu taller de presentación de productos para clientes potenciales. Piensa en cómo te sentirías si veinticinco veces más personas de las que puedes atender como clientes te dieran sus datos y expresaran interés en lo que ofreces.

La buena noticia es que no necesitas tantos para lograr sin problemas un exceso de demanda.

Deja claras las condiciones

Una de las señales más poderosas es concretar las condiciones en las que harás negocios en el futuro.

Definir tus términos envía una señal poderosa. Se trata de establecer normas y expectativas antes de una venta. El mensaje que una empresa segura de sí misma transmite es el siguiente: «Si quieres trabajar con nosotros, tienes que comportarte de una determinada manera».

Tendrás que indicar con quién trabajas, a cuántas personas puedes atender y en qué condiciones trabajarás con ellas. Cuando veas que un negocio define sus condiciones, sabrás que va camino de lograr un exceso de demanda. Un restaurante con exceso de reservas puede hacer cosas como indicar su código de vestimenta, su política sobre llevar niños o su derecho a reasignar tu mesa si no llegas a tiempo.

¿Es algo que se hace después de haber llegado al exceso o algo que se hace para conseguirlo? En mi opinión, nunca lograrás un exceso de demanda si no estás dispuesto a poner condiciones.

A la gente le gusta saber que tienes ciertas normas. Le tranquiliza saber que rechazas a algunas personas y que proteges a los que forman parte de tu empresa.

Piensa desde tu propio punto de vista: ¿con qué consultor de empresas preferirías trabajar: con el que acepta a cualquiera o con el que insiste en entrevistarse contigo durante una hora antes de decidir si acepta tu caso?

La Universidad de Harvard ofrece cursos muy parecidos a los de otras universidades. Lo que les diferencia son sus criterios de admisión: son muy exigentes con los alumnos que aceptan. En muchos sentidos, esto crea una profecía autocumplida: si solo aceptan a los mejores estudiantes, no es de extrañar que sigan sacando altas calificaciones.

Sobre todo hacia el final de la fase de preparación, es particularmente eficaz empezar a hablar de tus criterios, normas y condiciones para considerar a alguien como cliente.

Dejar claras tus condiciones no significa ser un esnob o trabajar solo con ricos. Un festival de música en un lugar lleno de barro, un peluquero y un diseñador gráfico pueden determinar sus condiciones. En eso consisten las señales: en decirle a la gente cuándo estará disponible algo y cómo conseguirlo, antes de qué fecha tienen que indicar su interés, cuándo tendrán que pagar y por qué motivos serán aceptados o rechazados. Así estableces plazos, estándares de rendimiento y requisitos previos.

Actividad

Imagina por un momento que en realidad no necesitas que la gente compre lo que vendes; nadie sabe que te ha tocado la lotería y que ahora tu negocio solo lo tienes por diversión. ¿Qué condiciones pondrías para asegurarte de que el negocio todavía sea divertido?

_____

_____

_____

No levantes el pie del acelerador

En la contraportada de la mayoría de las revistas de lujo suele aparecer un anuncio de un Rolex Submariner, que es el modelo más emblemático de la gama Rolex y el que muchos aspiran a tener algún día. De hecho, es tan popular que es casi imposible hacerse con uno, aunque tengas el dinero y la intención de adquirirlo. Una tienda tras otra te dirá que este reloj es muy difícil de conseguir, que tiene lista de espera y que, cuando hay uno disponible, se vende en pocas horas.

¿Por qué Rolex aún gasta tanto dinero en ocupar la cara contraportada de las revistas de moda? Porque conocen el valor de lograr un exceso de demanda, y de mantenerlo.

A medida que te acerques a tu objetivo de tener muchas señales de interés por tu oferta, no bajes el ritmo. No dejes de publicar tus anuncios, de difundir tu contenido ni de organizar eventos y promociones con regularidad. Sigue haciendo todo lo que funciona para mantener a la gente comprometida con tu campaña.

Tener un exceso enorme de demanda no sería tan malo, ¿verdad? ¿Sería terrible tener una lista de espera de seis meses? ¿Te molestaría que la gente pagara una fianza para tu próximo lote de productos, que ni siquiera se han fabricado? Es bueno tener esos problemas, de modo que no tengas miedo de tener «demasiada demanda».

Una excelente norma que muchas grandes empresas siguen es gastar entre el cinco y el nueve por ciento de sus ingresos en publicidad. En teoría, deberían dejar de gastar dinero en anuncios, pero saben por experiencia que eso provoca una desaceleración, y que cuesta más recuperar el interés una vez que lo has perdido.

Una pequeña empresa con quinientos mil dólares de ingresos puede aplicar esta estrategia y utilizar el mismo principio con cifras más pequeñas. Gastarse dos mil dólares al mes en anuncios de Google y Facebook que estén activos semana tras semana puede parecer excesivo cuando ya tenemos suficientes clientes potenciales, pero a largo plazo es más probable que la empresa mantenga el exceso de clientes y no deje de crecer.

Es importante recordar que, en última instancia, debes mantener una posición en la que tengas más compradores que vendedores, de modo que algunas personas se queden sin ello.

Actividad

¿Cómo puedes pedirle a la gente que te indique su interés?

_____

_____

_____

¿Qué contenido interesante te gustaría que la gente leyera, viera o escuchara antes de reunirse contigo o con tu equipo?

_____

_____

_____

¿Qué herramientas y técnicas de captación de clientes potenciales estás descuidando?

_____

_____

_____

Construir tu mercado es un paso esencial para lograr un exceso de demanda. Llega un punto en el que has generado un interés significativo y es hora de cambiar el enfoque y conseguir que la gente pase a la acción. Y eso es lo que exploraremos en el siguiente paso.

FASE 3

LANZAMIENTO CON EXCESO DE DEMANDA: COMUNICAR LA TENSIÓN ENTRE LA OFERTA Y LA DEMANDA ANTES DE PERMITIR QUE LA GENTE COMPRE

No pongas a la venta lo que tienes disponible *hasta* que logres un exceso de demanda, lo cual ocurre cuando más personas de las que puedes atender desean tu producto. Cuando hay más compradores que vendedores, puedes estar seguro de que el resultado será un éxito.

Medir el interés

Saber que tienes un exceso de demanda es una parte crucial del proceso. Educar y entretener a la gente puede ser costoso y, si inviertes demasiado en esfuerzos de *marketing,* podrías arruinarte antes de tener la oportunidad de vender algo sustancial. Por ello, las pautas que he proporcionado requieren que midas dos factores:

- La **cantidad** del interés manifestado: esto representa el número de personas que manifiestan interés por tu campaña. Puede tratarse de descargas, participaciones en concursos, encuestas, visitas, entradas, preventas, fianzas, consultas por correo electrónico, inscripciones y registros de interés.

- La **calidad** del interés señalado: esto depende de tres variables: del tiempo que la gente invierte en enviar una señal, del dinero que se gasta en mandarla y de la idoneidad de la persona que la envía.

Para medir con precisión el interés mostrado, necesitas un tablero central de control, y debes ser capaz de verlo de forma rápida y sencilla mientras realizas tus campañas para saber si estás alcanzando tus objetivos o si debes ajustar tu estrategia.

Algunas personas pueden enviarte un correo electrónico con una consulta general, otras pueden rellenar un formulario especial en línea y otras incluso pueden cruzar la ciudad para dejar un depósito de reserva. Debes recopilar los datos de varias fuentes para poder ver en un solo lugar las distintas formas en que las personas han manifestado su interés por ti. Sin embargo, no todas las señales son iguales; la calidad de estas

requiere que juzgues el nivel de compromiso que una persona ha demostrado al enviarte esa señal.

Señales fuertes: las señales de mayor calidad requieren que los clientes objetivo inviertan tiempo y dinero en enviar una señal. Si un cliente potencial perfecto se gasta quinientos dólares en asistir a un taller de un día completo para aprender sobre tu producto, se trata de una señal muy potente porque ha invertido tiempo y dinero.

Señales moderadas: una señal moderada implica una inversión de tiempo o de dinero, pero no de ambos. Las personas que asisten a un seminario gratuito de dos horas han invertido algo de tiempo en aprender, pero todavía no ha habido un intercambio de dinero. Es una buena señal, pero no tan fuerte como un evento de pago. Del mismo modo, alguien puede dejar un depósito reembolsable por un producto, lo cual es una señal moderada, porque casi no ha invertido tiempo en mandarla.

Señales débiles: una señal muy débil implica algún tipo de interacción en línea cuantificable. Por ejemplo, que la gente se descargue un documento, introduzca una dirección de correo electrónico en tu página web, vea vídeos en línea, participe en un concurso o acepte una muestra gratuita. Estas señales débiles son tan fáciles de enviar que necesitamos contar con un volumen de señales que sea cien veces mayor que la disponibilidad de tu producto para tener la certeza de que estás en el camino de lograr un exceso de demanda.

Cuando recopiles todas las señales que recibes del mercado, tendrás que evaluar si has alcanzado un punto en el que estás seguro de que alcanzarás los objetivos de ventas deseados.

Excede siempre tu capacidad de demanda

Si tu capacidad es de cien, tienes un ligero exceso de demanda con ciento uno. Sin embargo, un ligero exceso no es suficiente; el interés por tu producto debe ser superior a tu capacidad de venta.

Durante la fase de preparación, has participado en el proceso de entretener y educar a las personas interesadas, has pedido a la gente que manifieste su interés de varias maneras y has recogido y evaluado esas señales: débiles, moderadas o fuertes. Ahora ya puedes juzgar si tienes un exceso de demanda lo bastante grande. A título orientativo, se considera que lo tienes cuando se cumplen los siguientes requisitos:

- **El interés señalado alto es cinco veces la capacidad:** el número de personas que han manifestado un interés fuerte por ti es cinco veces superior a tu capacidad. Por ejemplo, si tienes capacidad para vender cinco productos, necesitas que veinticinco personas paguen un depósito de reserva.
- **El interés señalado moderado es diez veces tu capacidad:** esto significa que diez personas han mostrado un interés moderado por cada unidad de capacidad que quieres vender. Por ejemplo, si tienes capacidad para cinco clientes, necesitas que cincuenta clientes potenciales asista a un evento gratuito donde ofreces información sobre tus productos.
- **El interés señalado débil es cien veces la capacidad:** si las personas muestran un interés débil, como ver vídeos en línea, descargar un informe gratuito o participar en un concurso, necesitarás más de cien señales débiles por cada unidad de capacidad que pretendas vender. Por ejemplo, si tu capacidad es de cinco clientes y hay quinientas personas que han descargado un informe de veinte páginas de tu página web después de introducir su nombre y su correo electrónico.

Exceder cualquiera de estos tres objetivos te dará la seguridad de saber que tienes un exceso de demanda lo bastante grande.

Si, por el contrario, no has alcanzado ninguno de estos objetivos, tienes que continuar el proceso de generar interés mediante las señales y el método 7-11-4 hasta que lo consigas. Esto quizá significa que tienes que seguir haciendo publicidad, organizar varios eventos más, vender más productos para clientes potenciales o impulsar más descargas, hasta que cumplas uno o una combinación de los tres criterios.

Ten en cuenta que se trata de una guía aproximada del número de señales que necesitas para lograr ser un superventas, y que variará de una empresa a otra. A medida que realices más campañas, tendrás una mejor idea de la efectividad de las distintas señales. Quizá descubras, por ejemplo, que una de cada seis personas que envía un correo electrónico a tu oficina para preguntar por tu lista de precios acaba comprando. En ese caso, puedes lanzar campañas enteras diseñadas para lograr que seis veces más personas envíen un correo electrónico a tu oficina para solicitar una lista de precios.

La clave está en enfocar el *marketing* en captar en primer lugar las señales en vez de centrarte en las ventas. Tienes que crear tensión entre la oferta y la demanda, y solo cuando hayas logrado crear suficiente expectación, lanzar el producto.

Transparencia

La tensión entre la oferta y la demanda alcanza su punto álgido cuando es transparente para los compradores potenciales. Cuando la gente ve con claridad que la proporción de personas que muestran interés en relación con la capacidad disponible es alta, se siente urgida a actuar. Mostrar con sinceridad el número de personas que han manifestado su interés o dar a conocer estas cifras es el momento culminante de una campaña con un exceso de demanda.

171

Una campaña que hicimos consiguió que trescientas personas rellenaran un largo formulario de solicitud para solo treinta acuerdos de licencia disponibles. Una vez cumplimentado, les pedimos que se unieran a un grupo en línea en el que se compartirían las actualizaciones sobre el tema. Estaba claro que habían enviado formularios diez veces más personas que nuestra capacidad, y todo el mundo veía que había un gran interés competitivo por cada acuerdo de licencia disponible.

La transparencia elevó el nivel de energía de la gente. No tardamos en recibir correos electrónicos de personas preocupadas por no ser seleccionadas; incluso había gente que quería enviar de nuevo su formulario y esforzarse más en su respuesta. Algunas personas dijeron que estarían encantadas si las seleccionábamos, otras que temían quedarse fuera, otras que estarían dispuestas a pagar más y otras decidieron que no se harían ilusiones.

Cuando lanzamos el producto, se agotó en un día. La gente vio cuántos estaban interesados y no se arriesgaron.

Apple utiliza los medios de comunicación para mandar señales y añadir transparencia a sus campañas. Cuando la empresa lanza un nuevo iPhone, primero se lo cuenta a la gente en su emblemática conferencia llamada MacWorld. Su consejero delegado, Tim Cook, sube al escenario y cuenta lo extraordinarias que serán las nuevas características: la duración de la batería, los sensores, la pantalla, el procesador…

Luego te indican el precio y la fecha de lanzamiento, que acostumbra a ser unos meses después. En los días y semanas siguientes, los medios de comunicación se vuelven locos; difunden la noticia de la llegada del nuevo modelo e infunden en la gente el temor de no poder conseguir uno. Informan sobre la capacidad de Apple: «Nos han dicho que en el Reino Unido solo habrá tres millones de unidades disponibles. Tendrás que darte prisa para conseguir uno, porque ya hay personas acampadas».

Eso no ocurre por accidente. Apple cuenta con los mejores ejecutivos de relaciones públicas del mundo, quienes indican a la prensa su capacidad, sus condiciones y el nivel de interés que despiertan. Utilizan los medios de comunicación mundiales para añadir una capa de transparencia, lo que crea una energía palpable en torno al lanzamiento de un nuevo producto. El clímax de su campaña ocurre cuando abren las puertas de su tienda a una avalancha de gente que quiere ser la primera en tener en sus manos el nuevo iPhone.

La clave para crear tensión de compra es que la gente sepa con claridad que muchos otros están interesados en el producto y que algunos se quedarán sin él.

Hay un solo yo y vosotros sois muchos

La transparencia es una herramienta que le permite a la gente ver cuántas otras personas están interesadas en hacer negocios contigo. Ocurre cuando se forma una cola en la puerta de un restaurante o, en internet, cuando la gente se inscribe en una lista, le da «me gusta» a una página, sigue el perfil de una persona o aumenta el número de visitas de un vídeo.

La transparencia es un arma de doble filo. Puede jugar a tu favor cuando mucha gente habla de tu negocio o en tu contra cuando nadie lo hace. Y a menudo ocurre incluso aunque no seas consciente de ello.

La primera vez que fui a una feria como expositor, la experiencia fue terrible: una persona tras otra miraba con mala cara a nuestro personal de promoción y nuestros folletos. En otros entornos, la gente se interesaba por lo que teníamos que decir, pero, en aquella feria, la gente se alejaba de nosotros.

Piensa en la razón por la que ocurrió desde la perspectiva de los asistentes: hay trescientos expositores, y todos tratan de que captar su atención. Sienten que hay un sinfín de opciones, y eso les hace reacios a interactuar con cualquiera de los vendedores. De modo que, en esta situación, la transparencia jugaba en nuestra contra, porque era evidente que solo éramos una opción más entre otras trescientas.

Ahora compáralo con el primer taller promocional que organicé. Había setenta personas concentradas al cien por cien en lo que teníamos que decir. Cuando miraban a su alrededor, esas personas solo veían a un vendedor y setenta compradores. La transparencia estaba de nuestro lado; era obvio que teníamos un exceso de demanda.

Si quieres lograr un exceso de demanda, tienes que demostrar que solo hay uno como tú, y que mucha gente hace cola para comprar lo que ofreces. Si la gente ve que se forma una cola en tu puerta —física o metafóricamente—, querrán saber por qué y querrán entrar.

Evita las situaciones en las que parezcas ser solo uno más entre muchos otros vendedores y en las que nadie haga cola. Con esto no quiero decir que no vayas a una feria; puedes hacer que funcione con la estrategia adecuada. Una vez participé como ponente en una y di una charla en el escenario principal por la mañana. Al terminar, les dije a los asistentes que, si se pasaban por nuestro mostrador y rellenaban una encuesta de cinco preguntas, recibirían un libro gratis y algunas muestras. Durante todo el día hubo una fila de personas que venían a rellenar los formularios, lo que atrajo incluso a más gente que no había acudido a la charla. Les dimos las muestras en una bolsa de gran tamaño y colores brillantes con nuestro logo y, de alguna manera, parecía que todos en la feria se paseaban exhibiendo nuestra marca. Cuantas más bolsas brillantes había por la feria, más gente quería hablar con nosotros. Es decir, utilizamos la transparencia a nuestro favor.

Recuerda que el exceso de demanda significa que hay más gente que quiere lo que vendes de la que puedes atender. Aunque sabes que necesitas un número bastante mayor de interesados por cada unidad de capacidad que quieres vender, a la mayoría de la gente le parece que hay un exceso de clientes cuando ven que se ha formado aunque sea una pequeña fila.

Conseguir que la gente mande señales en internet es perfecto para ser transparente, porque la gente ve con facilidad las cifras que se acumulan. A menudo hemos utilizado Facebook, YouTube y Twitter como el centro de las campañas, ya que sus plataformas permiten ver los niveles de participación. Por ejemplo, a menudo utilizamos etiquetas (#) para que la gente indique que asistirá a nuestros eventos, de modo que cualquiera que clique en ella ve a cientos de personas que hablan de las ganas que tienen de asistir a uno.

Una exitosa campaña en la que trabajé con un cliente consistió en la creación de un grupo temporal en Facebook con un reto de salud de siete días. Cada día realizaba una nueva sesión de Facebook Live con un reto distinto. El grupo llegó a tener más de treinta y tres mil miembros, y cada vídeo tuvo más de mil visitas y cientos de comentarios. Al final de los siete días, se anunció que la clínica sanitaria podía aceptar a un máximo de sesenta clientes para un programa de transformación de cuatro mil dólares. Debido al nivel de transparencia, fue fácil para la gente ver que tenían que comprometerse de inmediato o se quedarían sin plaza.

El mundo en línea se basa en la transparencia de las actividades, lo cual es perfecto para generar la energía necesaria para lograr ser un superventas. Si dominas el mundo en línea, el mundo real es tuyo.

El proceso de selección de clientes

El proceso hasta este punto ha sido un poco complejo por una razón: has hecho limpieza de la gente y la has educado, lo que te ha dado la oportunidad de conocerla mejor. Eso te coloca en una posición única que pocas empresas experimentan: la capacidad de seleccionar a los clientes que deseas de entre un grupo de clientes potenciales.

Seleccionar a quien quieres como cliente no solo es satisfactorio a corto plazo, sino que conduce a una reputación a largo plazo basada en los resultados y los logros de las personas con las que trabajas. Al elegir con cuidado a tus clientes, al final trabajas con aquellos que tienen más probabilidades de obtener grandes resultados. Y, cuando estos obtienen buenos resultados, se convierten en seguidores incondicionales que hablan maravillas de lo que haces y lo describen como algo de mucho valor. Estas personas se reúnen con otras personas parecidas, las cuales es probable que también obtengan un gran valor de lo que haces.

Cuando esos seguidores se lo cuenten a sus amigos, tendrás aún más demanda. Con aún más gente entre la que elegir, puedes ser todavía más selectivo a la hora de seleccionar con quién trabajar e incluso puedes subir los precios si al principio eran demasiado bajos. Una vez más, trabajas con personas que valoran mucho lo que haces y están en una excelente posición para obtener grandes resultados. Llegados a este punto, hay un elemento de profecía autocumplida: seleccionas con cuidado a grandes clientes, estos obtienen grandes resultados y los grandes resultados atraen más consultas del tipo adecuado de personas.

Por el contrario, cuando te cuesta encontrar clientes, no puedes ser selectivo. Si obligas a alguien a que compre, eso desencadena una serie de problemas. Prometes más de la cuenta para conseguir el negocio, ellos se sientan a observar cómo te esfuerzas por cumplir, tú justificas por qué ellos no han puesto de su parte, ellos se arrepienten de haber comprado y se quejan de tus precios, los resultados no están a la altura de sus expectativas y, al final, le dicen a la gente que no haga negocios contigo. Esto te obliga a gastar más dinero en *marketing,* te lleva a generar menos clientes entre los que elegir y tienes que presionar aún más a las personas para que trabajen contigo; la profecía autocumplida funciona en ambos sentidos.

Gestión de la energía

Hay un arte en el proceso de selección o lanzamiento de un producto que te permite maximizar la energía acumulada que has creado a través de las señales, el entretenimiento y la educación de mucha gente. Tu objetivo es mantener alta la energía para que la gente tenga ganas de comprar tus productos. Si pierdes esa chispa, toda la campaña puede venirse abajo y tu mercado perderá interés.

La tensión entre la demanda de los compradores y la capacidad de oferta es el factor crítico para crear y mantener una energía de exceso de demanda. Gracias a una serie de técnicas, podemos mantener el desequilibrio entre compradores y vendedores para mantener el exceso de demanda y, al mismo tiempo, realizar ventas:

- **Lanzamiento escalonado:** lanzar productos en partes más pequeñas a las personas adecuadas.
- **Ediciones especiales/limitadas:** dividir la capacidad en variaciones para subgrupos.
- **Subidas de precio y límites temporales:** creación de una estructura de precios cambiante basada en horas y fechas.

177

Al dividir tu capacidad en etapas o secciones limitadas, es más fácil conseguir que esas partes más pequeñas logren un exceso de demanda. La imposición de plazos o las subidas de precio crean una sensación de urgencia y tensión para comprar. Todas estas técnicas están diseñadas para mantener la tensión entre la oferta y la demanda.

Es fundamental no utilizar estas herramientas de manera improvisada cuando estás en medio de una campaña, ya que parecerá forzado y oportunista. Solo debes emplear estas tres técnicas si las planificas desde el principio. Si las incluyes en tu plan de campaña, estarán a tu disposición.

Veamos estas herramientas con más detalle.

Lanzamiento escalonado

En noviembre de 2013, el elenco original del grupo cómico británico Monty Python anunció que se reuniría de nuevo por una sola noche para realizar una producción escénica en el O2 Arena de Londres. Era la primera vez en décadas que actuaban juntos, y los medios de comunicación estaban entusiasmados. «Solo por una noche —decían a coro los locutores—, estos genios de la comedia entretendrán a unos cuantos miles de afortunados seguidores». Fue una gran noticia para todos los amantes de los Monty Python, y mucha gente se puso el despertador para tratar de comprar una entrada el día en que salieron a la venta. Por desgracia, a menos que compraras en los primeros cuarenta segundos de la puesta a la venta de las entradas, perdiste el tren.

Esa misma noche, en el telediario de la BBC, se entrevistó a unos tristes admiradores que expresaron su decepción por no haber podido conseguir entradas. «No es justo para nosotros, los verdaderos fans, que hemos esperado tanto tiempo para esto», dijo un hombre mientras miraba a la cámara con tristeza. «No vendería mi entrada ni por mil libras», comentó una encantadora señora que tuvo la suerte de llegar a tiempo y hacerse con una por 39 libras. Mucha gente se sintió engañada por querer algo que sencillamente no podía comprar.

O eso creían.

Al día siguiente, John Cleese, el Python original, anunció orgulloso que los artistas y los promotores habían acordado realizar otras nueve fechas, y que pondrían a disposición de todos los desafortunados que no tenían entrada otras ciento treinta y cinco mil.

Una vez más, el telediario de la noche contó la noticia. «Debido a la gran demanda por parte de los seguidores de los Monty Python, el reparto y el equipo han acordado realizar diez funciones en total, pero les recordamos que las entradas se agotaron en menos de cuarenta y cinco segundos. Así que, si quiere una, será mejor que se apresure mañana, cuando se pongan a la venta a las diez de la mañana».

A la mañana siguiente, mi prometida y yo nos sentamos con los dedos sobre el botón de actualizar para conseguir una entrada para el espectáculo. De repente, aparecieron dos por 149 libras cada una, y las compramos encantados. Incluso aunque sé lo que están haciendo, ¡funciona de todos modos!

En realidad, es muy poco probable que los promotores y los artistas del espectáculo pudieran reservar con facilidad nueve días consecutivos más en el O2 Arena con tan poca antelación. En cambio, es mucho más probable que utilizaran una técnica llamada «venta escalonada» para vender más de ciento cincuenta mil entradas. Un lanzamiento escalonado consiste en poner a la venta tu producto en varias fases: pones a la venta el primer lote o una pequeña cantidad «anticipada» del producto y después continúas en una fecha posterior con disponibilidad adicional. A menudo vemos a Apple anunciar a través de la prensa que tienen una «remesa inicial» de teléfonos que es limitada y que las remesas futuras no llegarán hasta una fecha posterior.

Ediciones especiales/limitadas

El primer álbum exitoso de los Beatles fue en 1963, y se separaron solo ocho años después, en 1970. Mientras estuvieron juntos, publicaron la impresionante cifra de trece álbumes de estudio; sin embargo, en las décadas posteriores a su separación se volvieron realmente prolíficos.

Desde que se separaron, los Beatles han publicado cincuenta y tres álbumes recopilatorios. Hay ediciones con conversaciones de estudio inéditas, otras con versiones remasterizadas de sus grandes éxitos, la edición con canciones número uno, sus éxitos de *rock 'n' roll* y otra que recopila sus baladas.

Cada edición especial contiene muchas de las canciones que todos los admiradores ya conocen. Muchas de esas ediciones se comercializan como «limitadas», que puede ser de cientos de miles, o por «tiempo limitado», que puede ser de años.

Al crear ediciones especiales diferentes, pueden realizar campañas y promociones sin cesar y mantener la tensión entre la oferta y la demanda para cada lanzamiento.

Piensa en la posibilidad de crear una versión especial de lo que haces destinada solo a un grupo demográfico específico. Tal vez hagas una versión solo para menores de treinta años, una solo para personas de alto poder adquisitivo o una para personas que trabajan en el sector médico. Sé creativo y piensa en todas las formas en que podrías convertir lo que haces en una «edición especial». ¿Cómo podría tu empresa crear también ediciones especiales de lo que haces? ¿Qué tipo de oferta podría incluir características especiales, ser solo para un grupo determinado de personas o tener una producción limitada?

Subidas de precio y límites de tiempo

Amazon tiene ofertas diarias de libros. Se trata de auténticas rebajas en el precio de los libros electrónicos para Kindle que no repiten con regularidad. En los primeros dieciocho meses tras la publicación de mi último libro, *Entrepreneur Revolution*, Amazon UK lo seleccionó para una promoción solo un día, en el que pasó a costar 1,90 libras en vez de las 8,90 habituales.

Me impresionó la cantidad de libros que se vendieron ese día. Acostumbra a estar en el número dos mil de todos los de la web, pero ese día se disparó hasta los ciento cincuenta primeros. Está claro que a la gente le encantan las gangas. En cambio, he visto la desaparición de la mayoría de las páginas web de ofertas diarias porque muchas de esas ofertas no son auténticas. Para empezar, el descuento no siempre es real. Muchos dicen que el producto «suele costar 39 dólares»; sin embargo, una rápida búsqueda en Google revela que acostumbra a costar 19 en una docena de sitios diferentes.

En segundo lugar, la oferta no dura solo un día. Puedes entrar en la página y ver docenas de ofertas de meses anteriores y comprarla por el mismo precio. Los consumidores no somos tontos; nos damos cuenta muy rápido de que no es una «oferta» y de que no es «diaria».

Solo hay una ocasión en la que una promoción de precio y tiempo funciona: cuando se trata de una auténtica oferta durante un periodo de tiempo muy corto. Estas promociones ya no funcionan si la gente puede acceder a la oferta en otro lugar o si dura más de unos pocos días. Y nunca hay que subestimar la capacidad del consumidor para darse cuenta con rapidez de ello.

Vivimos en una época en la que tenemos acceso a enormes cantidades de información y ya conocemos los trucos comerciales.

Por otro lado, si realizas una promoción de una verdadera oferta que *en realidad* solo está disponible durante un periodo de tiempo muy corto (menos de veinticuatro horas), puedes conseguir un resultado fantástico. Analiza tu negocio y decide qué estarías dispuesto a rebajar de forma radical durante veinticuatro horas. Si, además, se trata de un producto para clientes potenciales, entonces impulsarás tu negocio principal todavía más, así que ve a por ello.

Actividad

¿Qué nivel de interés necesitas para que lograr un exceso suficiente de demanda?

_____

_____

_____

¿Cómo puedes señalarles de forma ética y amable a tus compradores potenciales que tienes un exceso de demanda y, a su vez, crear tensión entre la oferta y la demanda?

_____

_____

_____

¿Puedes utilizar tácticas para dividir lo que ofreces en partes más pequeñas para que sea más fácil lograr un exceso de clientes?

_____

_____

_____

Ahora que has creado una tensión transparente entre la oferta y la demanda y has demostrado que tienes un exceso de demanda, puedes estar seguro de que mucha gente comprará lo que vendes. No obstante, aunque hayas creado esta tensión, descubrirás que muchas personas todavía necesitan mantener una conversación antes de sentirse cómodas al pasar a la acción. Por ello, en última instancia, el seguimiento de las ventas es el que generará la mayoría de los resultados de tu campaña.

FASE 4

SEGUIMIENTO DE VENTAS: SEGUIMIENTO PROACTIVO DE CLIENTES POTENCIALES PARA MAXIMIZAR LA EFICACIA DE LA CAMPAÑA

Las campañas crean oportunidades para interactuar con la gente, y la mayoría de los beneficios económicos que obtendrás de una campaña se asegurarán gracias a un cuidadoso seguimiento de las ventas. A pesar de toda la urgencia y el deseo que crea tu campaña de *marketing,* más de la mitad de las personas que comprarán lo que ofreces quieren hablar primero con alguien para confirmar que su decisión es la correcta.

Conversaciones de venta frente a charlas triviales

Has hecho el trabajo de acumular mucha energía detrás de tu campaña y, por ello, las personas con las que te reúnes ya han tomado una decisión previa. Muchos han pasado siete horas en internet, han comprado un producto para clientes potenciales, te han buscado en Google y se han informado sobre tu trayectoria.

Pero eso no significa que todos ellos estén listos para comprar; significa que están *predecididos,* y en la mayoría de los casos los predecididos aún necesitan una conversación de venta. Quizá necesitan hablar con alguien, que les respondan a algunas preguntas, explorar algunas opciones o simplemente que las tranquilicen.

Lo que *no* necesitan es una charla trivial. No les interesa hablar del tiempo o de deportes durante demasiado tiempo; tu contenido y tus productos ya han generado suficiente confianza y una relación lo bastante sólida para que la conversación se centre en lo que ofreces.

Veo muchos negocios con dificultades cuyo personal se niega de forma patológica a mantener una conversación de venta de verdad. Y, como odian pedir directamente la venta, no acostumbran a conseguir mucho.

Una conversación de venta sigue un guion, va acompañada de materiales como folletos o estudios de casos y sigue un patrón predecible que tú y tus vendedores habéis preparado. Eso significa que, cuando llega el momento de cerrar el trato, una conversación de venta permite que suceda de forma natural.

Estas conversaciones son inevitables. Incluso cuando tienes un exceso de demanda por parte de gente que te conoce, te quiere y confía en ti, debes maximizar tus resultados con conversaciones de ventas.

Si la campaña tiene éxito, muchas personas comprarán lo que vendes. Esto es un indicador de que hay mucha más gente que está indecisa y que solo necesita una breve conversación para asegurarse. De hecho, el seguimiento a través de conversaciones de venta puede cuadruplicar los resultados de tus campañas.

Por ello, debes hacer un seguimiento de tus campañas. Toda la expectativa creada se irá al traste si no realizas un seguimiento de los clientes potenciales, conciertas citas cara a cara, los llamas por teléfono y te aseguras de que se efectúan los pagos.

En todas las campañas que he llevado a cabo, el seguimiento de las ventas hizo que pasara de ser una campaña rentable a una muy rentable.

Para que quede claro:

- Las conversaciones de venta están programadas y ensayadas; las charlas, no.
- Las conversaciones de venta tienen folletos y materiales; las charlas, no.
- Las conversaciones de venta requieren pedir que se cierre el trato; las charlas dejan el tema abierto.
- Las conversaciones de venta se traducen en un formulario de pedido cumplimentado o en notas detalladas en la base de datos registrada en el SOC; las charlas se olvidan.
- Las conversaciones de venta hacen que tu negocio funcione; las charlas, no.

Google, Ferrari, Rolex, Coca-Cola, IBM y Virgin tienen vendedores formados que mantienen conversaciones de venta. Los trabajadores de las tiendas de Apple reciben entre treinta y sesenta minutos diarios de formación, donde aprenden estrategias para establecer una buena relación, identificar preocupaciones, escuchar señales de compra y preguntarle a la gente: «¿Quiere que se lo prepare todo?». Apple es famosa por tener algunos de los mejores productos del mundo, que ni siquiera necesitan manuales de usuario, y se gasta millones de dólares al mes en *marketing;* aun así, conoce la importancia de la formación en ventas.

Si las marcas más importantes del mundo cuentan con vendedores formados que mantienen conversaciones de venta guionizadas, tu empresa también necesitará que tú y tu equipo recibáis formación en ventas.

Tener un exceso de clientes y realizar campañas potentes no *elimina* la necesidad de vender; te da más oportunidades de hacerlo y a personas más cualificadas a las que vender.

Hay un ritmo para vender con éxito

Una gran parte del éxito en la venta consiste en establecer un ritmo. Las interacciones regulares dan lugar a ciclos de aprendizaje rápidos. Con reuniones de ventas periódicas, las historias y ejemplos que utilizas con los clientes potenciales se afinan, tus miedos a vender desaparecen y te metes de lleno en el ritmo de firmar nuevos negocios.

Cuando los vendedores se toman un descanso o pierden el ritmo, a menudo tardan semanas o meses en retomarlo. Al igual que un atleta que entrena de forma religiosa seis veces a la semana, los resultados no se obtienen en un solo día, sino gracias a la cadencia regular de hacer algo día tras día.

En mi empresa medimos el ritmo con un tablero llamado LAPS (sigla en inglés de *leads, appointments, presentations and sales,* es decir, clientes potenciales, citas, presentaciones y ventas). Los clientes potenciales provienen de personas que han expresado su interés en hablar con nosotros y las citas se anotan cuando se fija una hora concreta para hablar en la agenda de ventas. Las presentaciones se registran cuando llevamos a cabo con éxito nuestro guion de ventas (a veces la gente cambia de fecha, no se presenta o las conversaciones de venta se salen del guion), y las ventas se realizan cuando aceptamos el pago, firmamos los términos y las condiciones y comenzamos el proceso de incorporación.

Cada empresa tiene un ritmo de LAPS* diferente. Algunas realizan una venta por cada diez clientes potenciales que generan y otras necesitan generar a cien clientes potenciales para realizar una venta.

Nuestros resultados de LAPS de los dos últimos años siguen un ritmo predecible:

50 clientes potenciales
10 citas

* *Laps* en inglés significa también las vueltas de una carrera. *(N. de la T.)*

8 presentaciones
2 ventas

Conocer nuestro ritmo de LAPS nos permite saber si vamos por buen camino o no, dónde mejorar y cómo acelerar. Sabemos que, si aumentamos el gasto en *marketing* y generamos doscientos clientes potenciales más a la semana, eso debería traducirse en ocho ventas adicionales. Por el contrario, si no ocurre así, podemos revisar la cadena para encontrar el eslabón débil.

Realizamos LAPS semanales en nuestras oficinas de todo el mundo. Cada semana, cada equipo de ventas tiene que superar su puntuación LAPS objetivo como equipo para desbloquear la bonificación del equipo. Este ritmo semanal permite a los equipos encontrar su flujo de ventas y mantenerse en él. Pero, además del ritmo semanal de LAPS, tenemos nuestra campaña trimestral, que también tiene sus propios objetivos de LAPS.

Por ejemplo, un equipo de ventas en una oficina puede tener un objetivo de cien clientes potenciales, veinte citas, dieciséis presentaciones y cuatro ventas para la semana, mientras que nuestra campaña trimestral puede tener el objetivo de conseguir seiscientos clientes potenciales, ciento veinte citas, cien presentaciones y veinticinco ventas. Si anualizamos estos objetivos, obtendremos un total de doscientas ventas al año del objetivo semanal y cien de los eventos trimestrales.

Hay una estructura para el éxito de las conversaciones de venta

Cuando presentas una reunión de ventas, esta debe seguir una estructura predecible que hayas planificado y ensayado; de lo contrario, corres el riesgo de desviarte hacia una charla trivial. Muchas reuniones de ventas programadas duran una hora, de modo que debes tener un plan para utilizar ese tiempo de forma eficaz.

Cualquier reunión de ventas tiene unas fases clave que son comunes en la mayoría de las empresas:

- **Comprensión:** descubre cuáles son los puntos en común y la disposición a entablar una conversación.
- **Descubrimiento:** averigua qué trata de conseguir esa persona, qué frustraciones le gustaría resolver, sus preferencias y deseos, así como qué aspectos de su situación actual la han llevado a buscar opciones relevantes.
- **Confirmación:** asegúrate de que tienes toda la información pertinente correcta, que entiendes con claridad la situación del cliente potencial y que estás en condiciones de hacerle una recomendación.
- **Asesoramiento:** comparte ideas, métodos y soluciones para atender las necesidades del cliente potencial y presenta las principales características, ventajas y beneficios que satisfacen los deseos del cliente.
- **Debate:** averigua si la solución propuesta satisface las necesidades y los deseos del cliente potencial y adáptala o negocia sobre cualquier aspecto flexible de la venta.

189

Cierre: confirma la venta y realiza la actividad administrativa requerida o actualiza el SOC con los siguientes pasos y la información relevante.

Planifica cómo quieres que se desarrollen tus reuniones de ventas y ensaya el guion. Después, identifica la parte más débil de la estructura de tu reunión y busca formas de mejorarla. No te engañes pensando que una charla desestructurada funcionará tan bien como una presentación planificada: perderás cientos de horas de tu vida y del tiempo de tus clientes potenciales en interacciones que, en su mayoría, no llevarán a ninguna parte.

La venta es una profesión

Imagina que vas al médico por una dolencia. Quedáis en una cafetería, el médico va vestido de manera informal, habláis de fútbol durante unos minutos y luego te recomienda tratamientos farmacológicos antes de que hayas tenido la oportunidad de explicarle todos tus síntomas. El médico te escribe una receta en una hoja en blanco y te dice que le encantaría saber cómo te encuentras en unos días, pero nunca te llama para hacer el seguimiento. Sería una experiencia horrible, porque es muy poco profesional.

Es imposible que esta experiencia ocurra con un médico, pero pasa todos los días con los vendedores. Visita cualquier cafetería de una gran ciudad y verás a un montón de vendedores holgazanes que tratan su trabajo como si fuera un pasatiempo o una actividad secundaria.

Por alguna razón, a pesar de que millones de personas se ganan la vida en el sector de las ventas, la mayoría de las empresas no tratan ese puesto con la profesionalidad que se merece. Los vendedores deberían tratar su profesión como lo hace un dentista, un médico, un abogado o un contable.

Los profesionales de las ventas necesitan formación constante, material de apoyo actualizado, como folletos y formularios de pedido, un lugar profesional donde celebrar sus reuniones, tecnología que les recuerde que deben ponerse en contacto con la gente cuando dijeron que lo harían y el respeto de todo el equipo por el trabajo que realizan para que el dinero no deje de fluir.

Gran parte del éxito en las ventas es la simulación de escenarios. Los vendedores (o los empresarios que venden) necesitan mucho tiempo de ensayo para practicar su presentación y sus respuestas a preguntas u objeciones clave. Vender no es algo natural; en la mayoría de las culturas, no es normal pedirle a la gente que tome una decisión, cuestionar su forma de pensar o pedirle dinero. Si le dices a un vendedor que simplemente «sea él mismo», no te sorprendas si vuelve sin ninguna venta. Del mismo modo que los actores deben ensayar sus diálogos o los deportistas deben practicar su técnica, los vendedores necesitan simular sus reuniones de ventas una y otra vez hasta perfeccionarlas.

Las ventas son una profesión, y deben tratarse como tal. Invierte en la formación de tu personal, en materiales de venta de alta calidad y en hacer que cada parte de tu experiencia de ventas sea una experiencia positiva.

Evita el frenado ABS

Uno de los errores más comunes que veo que cometen las empresas y que pone en peligro a toda la compañía es algo que yo llamo el frenado ABS, por la expresión en inglés *Anything But Sales,* es decir, ¡todo menos las ventas!

Veo a equipos que están dispuestos a invertir mucho dinero en mejorar el producto, que escriben con gusto decenas de blogs, que se ponen delante de una cámara y hacen todo lo que pueden, pero el simple hecho de estar cara a cara con los clientes y pedirles los datos de su tarjeta de crédito les provoca una oleada de terror.

Para hacer el trabajo que te gusta, primero tienes que ganártelo; es decir, tienes que cerrar la venta. El secreto de cualquier campaña de éxito es que un gran número de ventas son el resultado directo de conversaciones de seguimiento.

No me refiero a hacer llamadas en frío ni a vender a la gente de una en una. Me refiero a hacer un seguimiento después de una campaña, cuando el cliente potencial ha mostrado interés y sabe que muchos otros también están interesados. Ese es el momento en el que debes mantener una conversación de venta estructurada que termine con la pregunta directa de si ellos también quieren comprar.

Hace años, mi empresa ayudó a organizar una serie de retiros en Bali. Gente de todo el mundo volaba para vivir una experiencia de cuatro días. Los retiros tenían un límite de doscientos asistentes, los cuales vivirían una experiencia mágica en la que se combinaban talleres, experiencias al aire libre, cenas de lujo y contactos de alto nivel, todo ello en un fascinante complejo turístico con vistas al océano.

De los doscientos asistentes, calculo que no más de cincuenta se inscribieron de forma proactiva en el retiro. Nuestro equipo habló con unas mil personas que mostraron interés para realizar las ciento cincuenta ventas restantes.

En conversaciones junto a la piscina, la gente me confesaba que su sueño era organizar algún día un retiro similar. Me preguntaban cuánto costaba alquilar el complejo, cuánto se pagaba a los ponentes y cuánto se tardaba en organizar la logística, pero nunca me preguntaron cuántas conversaciones de venta fueron necesarias para llenar el retiro.

A la mayoría de las personas no le gusta hablar con extraños, y mucho menos pedirles que tomen una decisión. Esta barrera mental hace que muchos negocios fracasen debido al frenado ABS. Sé consciente de cuándo tú o tu equipo evitáis tener conversaciones de venta, es decir, pedir si se quiere cerrar el trato.

Energía de contigo o sin ti

Hay una gran diferencia entre ser vendedor en una empresa con exceso de demanda y serlo en una a la que le cuesta cumplir sus objetivos. La diferencia es lo que yo llamo «energía de contigo o sin ti». Se trata de una confianza casi mística que alguien tiene en sí mismo cuando sabe que cumplirá sus objetivos, sin importar lo que decida cualquier otra persona; parece desprender la sensación de que estará bien contigo o sin ti.

Esa energía es atractiva. Los humanos se sienten atraídos por las personas que no están necesitadas. Se abren, bromean, establecen vínculos y compran. En cambio, cuando alguien se muestra inseguro y parece desesperado por hacer una venta, el efecto es que el cliente potencial se cierra y se retira de la conversación.

Algunas personas pueden fingir este tipo de fanfarronería al infundirse estímulos motivadores, pero dura poco tiempo. A largo plazo, no se puede fingir; hasta los jugadores de póker profesionales empiezan a mostrar sus «señales» cuando las cosas les van muy mal.

Los humanos somos extraordinarios a la hora de detectar la comunicación no verbal, e incluso cuando las palabras se ajustan al guion, una persona desesperada hace que los demás se sientan desconcertados con las decenas de pequeñas inflexiones de su voz y con sus gestos.

En lugar de tratar de fingir la energía de contigo o sin ti, es mejor tener un verdadero exceso de demanda y, por lo tanto, contar con muchas oportunidades de venta entre las que elegir. Puede llevar tiempo, pero todos los vendedores deben ser diligentes a la hora de mantener registros precisos sobre los clientes potenciales, establecer recordatorios para llamar a las personas cuando acordaron hacerlo y trabajar con el equipo de *marketing* para mejorar la cantidad y la calidad de los clientes potenciales. Todas estas pequeñas cosas se suman y llevan a que los vendedores tengan muchas oportunidades valiosas en su cartera. Si cuentas con un excedente de oportunidades, la energía de contigo o sin ti surge de forma natural.

Actividad

¿Tienes un tablero de registro de la actividad de ventas? ¿Sigues un ritmo de conversaciones de venta regulares?

_____

_____

_____

¿Tu empresa tiene conversaciones de venta guionizadas? ¿Practicas los guiones de venta? Si no es así, ¿cuándo le dedicarás tiempo a ello?

_____

_____

_____

¿Cómo podrías tratar las ventas de forma más profesional en tu empresa?

_____

_____

_____

¿Sois tú y tu equipo culpables del frenado ABS? ¿Qué te impide hacer un seguimiento de las personas que han mostrado interés?

_____

_____

_____

¿Cuántos clientes potenciales moderados necesitarías tener en tu cartera de ventas para experimentar una sensación de energía de contigo o sin ti?

_____

_____

_____

Después de realizar las ventas, el paso más importante es el momento de cumplir lo que dijiste que harías. No hay nada mejor que destacar de forma positiva en lo que haces.

Entrega verdaderamente extraordinaria

Este es, con diferencia, el paso más importante del proceso. El viejo dicho de «Vende la experiencia, no el producto» ha quedado atrás. Vivimos en un mundo en el que, si el producto no es bueno, te quedas sin negocio.

La gente habla. Según los estudios, antes de las redes sociales, un cliente insatisfecho se lo contaba a once personas. Hoy en día, un cliente insatisfecho puede tener mil amigos en Facebook, varios cientos de seguidores en Twitter y su opinión negativa sobre tu negocio podría indexarse en Google y perseguirte durante años.

Por el contrario, si la gente considera que tu empresa es extraordinaria por razones positivas, todos estos factores juegan a tu favor. Si a la gente le encanta lo que haces, se lo contará a miles de personas.

La recompensa de ser extraordinario es inmensa; por un lado, reduce los costes de *marketing* a cero. Por ejemplo, no hubo costes de *marketing* para el *Hamlet* que protagonizó Benedict Cumberbatch porque es un actor tan extraordinario que las entradas para sus espectáculos se agotaron a una velocidad récord. Una interpretación extraordinaria atrae con mucha rapidez y, hoy en día, ningún gasto de *marketing* compensará una mala actuación.

195

A día de hoy, tu trabajo consiste en crear un buen producto y dejar que tus clientes creen la experiencia por ti. Tu equipo de *marketing* está compuesto por tus clientes, y tu estrategia de generación de clientes potenciales a largo plazo es ser brillante.

Hemos hablado mucho de la actividad promocional que genera energía, y esta va acompañada de una expectativa: si no la cumples, corres un gran riesgo. La palabra *extraordinario* significa ser «digno de que se hable de él». Por ello, para construir tu negocio, necesitas que casi todos tus clientes hablen de ti de forma positiva.

La verdadera prueba que debe superar tu empresa es si es digna de que se hable de ella. ¿Hablará la gente de forma positiva de ti después de haber comprado lo que vendes? ¿Compartirán tu historia? ¿Recomendarán tus productos a sus amigos? ¿Pondría un cliente un enlace a tu blog desde su página web? ¿Tu folleto es digno de que se lo pases a un amigo? ¿Merece la pena tuitear sobre tu servicio? ¿Haría alguien una foto de tu producto y la subiría a Facebook? ¿Haría alguien un vídeo en YouTube sobre lo bien que lo trató tu personal? ¿Tus empleados recomendarían a sus amigos que trabajaran en tu empresa? ¿La competencia diría que quiere ser como tú? ¿Escribirían los periódicos un artículo positivo sobre ti?

Si respondes de manera afirmativa a todas estas preguntas, eres extraordinario.

No tengas en cuenta solo un aspecto de tu negocio; todo el conjunto tiene que ser verdaderamente extraordinario si quieres mantener el exceso de demanda a largo plazo.

La auditoría de lo extraordinario

Examina cada punto de contacto de tu empresa —la página web, los folletos, el personal, los productos, los locales, los anuncios, el manual del personal, los uniformes, los envases…— y pregúntate: «¿Es este punto de contacto extraordinario?». Haz una lista de todos ellos en una hoja de cálculo, no solo para los clientes, sino también para el equipo y los proveedores. Cada persona que entre en contacto con tu empresa debe pensar que es extraordinaria.

Mientras examinas punto por punto, puntúate en una escala del 1 al 10 para determinar dónde se encuentra tu organización en este momento. Al principio puede parecer descorazonador ver cuánto trabajo queda por hacer para lograr una empresa increíble.

Pero no te desanimes. Si tu empresa ha llegado hasta aquí en estas condiciones, imagina lo lejos que llegará cuando hayas mejorado algunos de los puntos de contacto hasta ser completamente extraordinario.

Identifica una o dos cosas al mes que mejorar e invierte en ellas. El secreto para crear una gran empresa es invertir en resultados extraordinarios. Las compañías de mayor crecimiento del mundo invierten entre el cinco y el quince por ciento de sus ingresos en investigación, desarrollo, innovación y formación. No lo gastan, como antes, en campañas de *marketing*, sino en hacer que lo que ofrecen sea extraordinario.

El mejor producto gana. Si te comprometes a crear el mejor y no dejas de invertir en él, tu estrategia será ganadora. Y si, además, rodeas ese producto de puntos de contacto extraordinarios, serás imparable.

Acepta el reto y déjate llevar por la incomodidad de lo mucho que queda por hacer. Esa incomodidad es tu amiga; mantiene a los aspirantes y a los farsantes fuera de tu alcance. Acepta la complejidad de los negocios. Si fuera fácil, todo el mundo lo haría; si fuera sencillo, no habría recompensa. Si crear valor fuera directo, no sería valioso.

Energía positiva, negativa o la esperada

Hace unos años fui a Londres a ver a los magos Penn y Teller durante su gira por el Reino Unido. Como crecí viendo sus programas de televisión y escuchando hablar de sus espectáculos en Las Vegas, mis expectativas eran altas.

El espectáculo fue todo lo que esperaba. Fueron divertidos, ingeniosos, irreverentes y muy hábiles con sus trucos de magia. Disfruté del espectáculo: buenísimo, justo lo que imaginaba. Pero lo que sucedió al salir del teatro me dejó *totalmente* alucinado.

Vi que una multitud había formado dos grandes círculos en la acera de enfrente en medio de los cuales estaban Penn y Teller haciendo magia callejera con el público. Posaron para fotos, hicieron desaparecer objetos y se rieron a carcajadas. Fue lo mejor de la noche para todos los que se quedaron.

No *necesitaban* hacerlo. Todos habían disfrutado del espectáculo, estaban satisfechos y habían recibido lo que se les había prometido. Pero eso no era suficiente para estos consumados artistas; tenían que dejar a la gente con más de lo que esperaba.

Las personas son criaturas emocionales, incluso las que dicen no serlo. Las emociones impulsan la lealtad, la confianza, la conexión y, en última instancia, las decisiones de compra más que cualquier otra cosa; hacen que los negocios logren un exceso de clientes. Las emociones son pequeñas tormentas de energía que se producen en el cuerpo y la mente de tus clientes, colaboradores y proveedores, y esta energía puede clasificarse de tres maneras: positiva, negativa o esperada.

- La energía **positiva** proviene del deleite, el amor, la alegría espontánea, la sorpresa agradable, la magia y el cariño inesperado; la provocan experiencias positivas que no esperabas.
- La energía **negativa** proviene de la insatisfacción, la decepción, la ira, el enfado, la indignación y el resentimiento, y surge de experiencias negativas que no se comunicaron de antemano.
- La energía **esperada** proviene de la satisfacción, la indiferencia o un intercambio. Es el resultado de un trabajo bien hecho, como era de esperar.

Solo cuando dejes a las personas encantadas hablarán de ti de forma positiva. Si las dejas satisfechas (energía esperada), no hablarán de ti, y todos tus esfuerzos por satisfacerlas habrán sido en vano. Si dejas a la gente decepcionada, tu negocio se resentirá, ya que esta hablará de las emociones derivadas de la energía negativa.

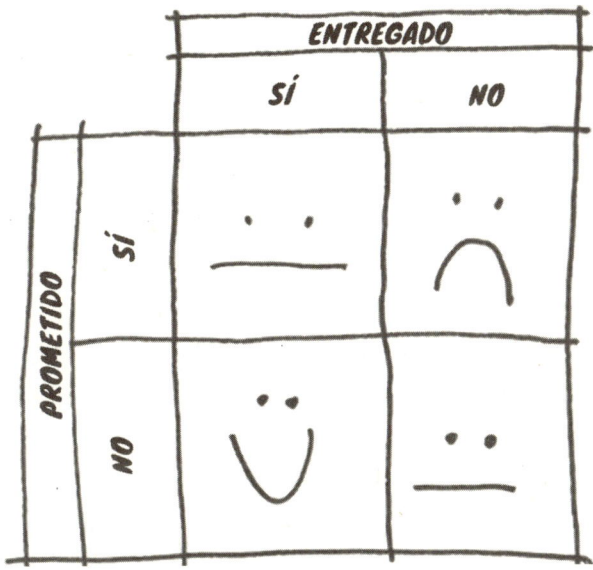

Hay un principio sencillo cuando se trata de dejar a la gente encantada: haz algo grande que no hayas visto venir. Si compras un Porsche que debe llegar en tres días, te alegrarás si llega a tiempo y te decepcionarás si llega un día después de lo esperado. En cambio, si te dicen que no estará listo hasta dentro de seis semanas y te lo entregan en cuatro, estarás muy contento.

Si una empresa te dice: «Sentimos haber metido la pata; te enviaremos unas flores como disculpa», no sentirás demasiada emoción cuando lleguen. Sin embargo, si las flores llegan sin que te lo esperes, te sorprenderás.

La clave para dejar a la gente encantada es mantener en secreto algunas de las cosas buenas que sabes que puedes ofrecer. No hables de ello, mantén la boca cerrada y deja que sea una sorpresa.

Si Penn y Teller hubieran contado que su entrada incluía una actuación de magia callejera después del espectáculo teatral, a nadie le habría parecido increíble, porque se lo habrían esperado. De hecho, algunas personas se habrían sentido molestas por no haber conseguido un buen sitio fuera y no haber podido oír bien los chistes que contaban.

Cuando vendas, habla solo del setenta por ciento de lo que piensas hacer. Cuando hagas una promesa, modifícala un poco para que su cumplimiento sea mejor de lo que se esperaba. Guárdate un as en la manga.

Establece tus objetivos y mantente firme

Cuando recibes una avalancha de gente que quiere comprar tus productos y sabes que tendrás un exceso de clientes, siempre existe la tentación de subir los precios o ampliar la capacidad.

No obstante, yo te animo a que no lo hagas, sobre todo si afecta a tu capacidad de entrega, aunque sea a uno solo de tus clientes. Es más importante que tu capacidad de entrega no deje de ser extraordinaria. Disfruta del exceso de demanda, permite que algunos se queden fuera y confía en que volverán, e incluso hablarán de lo popular que es tu negocio.

Necesitas que la gente sepa que puede confiar en tu palabra en lugar de que te vean como un oportunista. Si fijas un pre-

cio, cíñete a él y muévelo solo si lo avisaste desde el principio o cuando la campaña haya terminado y estés en condiciones de hacerlo.

Si la gente hace cola, es normal sentir un fuerte deseo de aumentar la capacidad para satisfacer la demanda y ganar dinero en poco tiempo. Puede que te encuentres diciendo: «¿Dije que solo podía aceptar a doce clientes este año? Uy, quería decir a veinte».

Sé que no es fácil rechazar a la gente, pero merece la pena por varias razones:

- **Decir que sí cuando no puedes cumplir lo prometido te aboca al fracaso.** Tras aceptar a más clientes de los que puedes atender, crees que encontrarás la forma de atenderlos… de algún modo. Contratarás a más personal, comprarás nuevos equipos o subcontratarás a un proveedor externo. Pero todo esto te quita tiempo y te aleja de la atención y el cuidado que habías planeado darles a tus clientes. Al exceder tu capacidad, corres el riesgo de defraudar a todos y cada uno de tus clientes, no solo a los pocos que sobran.
- **La gente aprenderá a no creerte.** Si sobrepasas tu capacidad, la gente al final se enterará y asumirá que todo lo que aseguras no es más que una estrategia de *marketing*. Supondrán que tu precio especial es el precio habitual, que tu oferta por tiempo limitado está disponible siempre y que tu oferta exclusiva es para cualquiera. Cuando te mantienes firme, la gente se da cuenta de que hablas en serio y que, si quieren acceder a tus productos y servicios, es mejor que actúen cuando se lo pidas.
- **Cada persona que rechazas es un anuncio andante de tu marca.** ¿Te has dado cuenta de que es muy raro que se rechace a la gente cuando quiere gastarse el dinero y que, si les ocurre, es muy probable que se lo cuenten a sus amigos? Les dirán: «Intenté pagar más,

supliqué, negocié y rogué, pero no cedieron, y se negaron a aceptar mi dinero». Esa historia se difunde y tu negocio se hace conocido por ello.

Ceñirte a tu plan es una parte importante del método empresarial basado en campañas. Son estos números duros los que crean tensión y atracción para ti a largo plazo. Si la gente cree que tus cifras no son reales, empezarán a cuestionarse todo tu negocio. Quizá te pierdas una venta rápida por ceñirte a tu capacidad, pero mantendrás el negocio en marcha durante más tiempo si estás dispuesto a mantenerte firme.

Tú también eres una empresa de tecnología

En los tiempos que corren, «no somos muy tecnológicos» es lo que dicen las empresas antes de morir.

Da igual si tienes una panadería, una peluquería, un servicio de consultoría o una empresa de formación; hagas lo que hagas, también estás en el negocio de la tecnología. Hoy en día no es posible ofrecerles una experiencia extraordinaria a tus clientes sin su ayuda.

Necesitas un sistema que haga un seguimiento de todas las interacciones con tus clientes, que gestione la entrega de tus productos y que establezca recordatorios y notificaciones de seguimiento. Sin esta automatización, no se puede ampliar una entrega extraordinaria. Y, aunque no seas un experto en tecnología, alguien de tu equipo debe serlo. Para ser eficaz como empresa impulsada por campañas, tu negocio tendrá que ser rápido en la creación de páginas web, la recopilación de datos significativos, el uso potente de esos datos y la optimización de tu negocio en línea. Si quieres lanzar campañas y lograr un exceso de demanda, debes saber por qué merece la pena pagar, qué es mejor hacer internamente y qué puedes combinar de manera gratuita.

Me sorprende descubrir cuántos empresarios ignoran por completo que todavía pagan más de dos mil libras por algo que ahora está disponible por menos de cien. Y, más allá de eso, me sorprende cuántas empresas tienen nueve empleados cuando podrían tener siete si hicieran algunas inversiones bastante sencillas en *software*. En efecto, pagan más de ochenta mil dólares de más cada año por realizar un servicio básico cuando podrían utilizar ese dinero para hacer crecer el negocio, contratar a más personas adecuadas y satisfacer a sus clientes de forma creativa y única.

TODO ESTO...   ...AQUÍ

ARCHIVADORES   NUBE

Como mínimo, debes encontrar a un proveedor tecnológico con el que puedas trabajar en estrecha colaboración. Desde 2007, nosotros utilizamos SoTechnology (www.sotechnology.co.uk) como socio tecnológico de referencia. El equipo conoce bien nuestro negocio y puede crear una nueva página promocional de forma rápida y eficaz; por ello, cuando tenemos una nueva idea, podemos ejecutarla en días en vez de semanas.

Siempre me sorprende no encontrar un vídeo de una empresa en YouTube, en un blog o en un muro de Twitter. Me preocupa ver que la una «página web de presentación» de una compañía es estándar y que, además, es evidente que no la han mejorado desde hace años. Las posibilidades que ofrecc cl mundo tecnológico actual son alucinantes y, gracias a ello, el nivel de sofisticación que puedes incorporar a tus sistemas de *marketing* y distribución es extraordinario, y no es demasiado caro.

A medida que nos adentramos en la década de 2020, no hay excusas para quedarse atrás, ya que las consecuencias podrían ser catastróficas. Si quieres crecer, ser rentable y tener a clientes satisfechos, una parte esencial de tu negocio debe ser la tecnología.

También eres una empresa de medios de comunicación

Si vas a Chelsea, en el oeste de Londres, es difícil no darte cuenta de la cantidad de gente cuya vida gira en torno a las redes sociales: son glamurosos y están listos para una sesión de fotos en cualquier momento. En el corazón de la ciudad hay una pastelería llamada Peggy Porschen que responde a la perfección a esta tendencia: está pintada de rosa chillón y tiene enormes adornos florales en la entrada, las mesas y las sillas son extravagantes y la comida parece demasiado fabulosa para comérsela. Casi podrías pensar que has entrado en el plató de una película.

Sin embargo, no es casualidad: todo en esa cafetería está diseñado para ser instagrameable. Los menús, la vajilla, la comida, los uniformes y la letra «P» que se dibuja en la espuma del café están diseñados para ser fotografiados. Quieren que los clientes se sientan obligados a compartir su experiencia con sus miles de seguidores para que esos seguidores también se sientan obligados a ir a la cafetería y compartir su experiencia con sus otros miles de seguidores.

Esta estrategia le ha funcionado muy bien a este pequeño comercio. Todos los días de la semana se ve a gente guapa haciendo cola en la entrada para sacarle fotos al local. Estas personas han impulsado a Peggy Porschen a tener cerca de quinientos mil seguidores en su cuenta de Instagram (@peggypor-shenofficial) y a estar siempre repleta de clientes a los que no les preocupan los precios.

Instagram se ha convertido en el lugar principal para compartir momentos importantes para mucha gente debido a la naturaleza visual de la plataforma. Tu negocio puede dejar a la gente encantada, pero es difícil compartir un sentimiento y, además, los sentimientos son pasajeros. Por ello, hay que convertir ese sentimiento en una imagen que pueda publicarse en las redes sociales.

Sería inteligente pensar en tu negocio como si fuera también un conjunto de medios de comunicación. Crea algo visual que pida ser fotografiado, etiquetado y compartido, y busca oportunidades para crear y compartir vídeos. Si surge una conversación interesante, captúrala y conviértela en un episodio de pódcast. Tienes la suerte de contar con un laboratorio de medios de producción de calidad en el bolsillo: busca oportunidades para aprovecharlo y anima a tus clientes a hacer lo mismo. Si lo consigues, disfrutarás de un aumento significativo de las recomendaciones a medida que la gente difunda las imágenes, los vídeos y los pódcast con sus amigos de confianza en las redes sociales.

La experiencia es relativa al precio

Muchos expertos en negocios consideran que las empresas siempre deben aspirar a subir los precios. Sin embargo, debes tener en cuenta que la experiencia es relativa al precio.

Un restaurante caro con estrellas Michelin puede decepcionar a sus clientes con un menú degustación de siete platos que no cumpla las expectativas de un precio de ciento ochenta libras por cabeza, mientras que un local de *fish and chips* puede dejar boquiabierta a la gente con el valor que ofrecen por diez libras. Quizá tu fórmula ganadora consista en ofrecer más valor por menos dinero. Si es así, es posible que te conviertas en un lujo si te pasas con el precio.

Es muy probable que, si tu precio ha funcionado y es rentable, no debas alterarlo demasiado. Utilicemos a Walmart como ejemplo: consiguieron un gran exceso de demanda al ofrecer precios bajos. Los mantuvieron así durante décadas, y se convirtieron en una de las empresas con más éxito financiero del mundo porque sus precios todavía eran bajos.

Imagina que Sam Walton hubiera subido los precios cada mes y se hubiera alejado de su fórmula ganadora. Al cabo de unos años, las multitudes habrían dejado de ir y el negocio habría dejado de expandirse. Sam sabía que su fórmula ganadora era «apilarlo alto, venderlo bajo». El precio era su estrategia para mantener un exceso de clientela.

Nunca hay que subestimar el poderoso atractivo de una ganga; para el mercado de masas, el encanto del precio es embriagador. La gente conducirá durante una hora, hará cola y se peleará con otros compradores por un descuento increíble. Si encuentras la manera de mantener los precios bajos y, aun así, obtener un beneficio decente, no seas avaricioso: utilízalo como parte de tu fórmula ganadora. Mantén el precio bajo y asegúrate de que la gente hace cola para conseguirlo.

Por el contrario, tu fórmula ganadora también podría ser cobrar un precio elevado e incluir una lista de extras inesperados. Puedes sorprender a tus clientes con detalles que hagan que ese precio tan alto merezca la pena. Ser tranquilizadoramente caro y, aun así, superar las expectativas es una estrategia viable para muchas empresas que logran mantener un exceso de demanda.

Tanto si pones un precio bajo como si lo pones alto, recuerda que el placer que siente la gente es relativo a lo que ha pagado.

Actividad

¿Por qué merece la pena hablar de tu producto?

_____

_____

_____

¿Qué puntos de contacto de tu empresa no son claramente extraordinarios?

_____

_____

_____

¿Qué tecnología podrías implantar para mejorar la experiencia del cliente?

_____

_____

_____

¿Qué puedes crear para que tu empresa sea más visual y fácil de compartir en redes sociales?

_____

_____

_____

Llegados a este punto, tu campaña ya está completa. Has planificado y ejecutado un despliegue de tensión, has superado el número de participantes, has realizado ventas y has dejado a la gente tan encantada que comparte su experiencia con los demás. Es importante aprender las lecciones, celebrar las victorias y tomarse un tiempo para refrescarse.

FASE 5

CELEBRAR E INNOVAR

La fase final de este proceso consiste en celebrar e innovar. Es demasiado fácil lanzarse a la siguiente campaña sin saborear las victorias y aprender de los fracasos.

La celebración y las innovaciones consisten en *compartir de forma pública* el éxito de tus campañas, recompensar a las personas que lo hicieron posible y buscar formas de mejorar la próxima vez. Después de una campaña, siempre surge la tentación de arremangarse y hacer otra. Es bastante adictivo cuando se experimenta la emoción de una campaña y terminas con un exceso de demanda.

Sin embargo, si lo haces, te habrás saltado un paso crucial; repetirás errores y habrás fracasado a la hora de retener activos valiosos.

En lugar de lanzarte directamente a la siguiente campaña, debes completar primero esta fase final. Hay que encontrar las historias, captar las cifras, interrogar los datos y, a continuación, aprender, compartir, felicitar y recompensar a los implicados. Se necesitan historias, cifras y conocimientos. La celebración y la innovación consisten en capturarlos y utilizarlos con fuerza.

Cuenta tus historias

Crear un reloj caro para hombres es sencillo, ya que solo hay que seguir dos pasos principales. Primero, ubicar la empresa en Suiza; segundo, haber empezado a fabricar relojes hace al menos cien años.

Si reúnes estas dos condiciones, estarás en el buen camino para cobrar una pequeña fortuna por un reloj que todo hombre aspira a poseer. Rolex, Omega, Breitling, IWC, Jaeger-LeCoultre, Zenith, TAG Heuer y Longines siguen esta fórmula con éxito.

Luego está Bremont, una empresa británica fundada en 2002 que es incapaz de satisfacer la demanda de su limitada gama de cronógrafos. No son suizos, la marca se fundó en 2002 y, aun así, se han hecho con una sólida posición en el ferozmente competitivo negocio de los relojes de lujo.

Lo han conseguido porque la gente no los compra por la ubicación o la antigüedad del fabricante. La gente compra relojes por la historia que cada uno de ellos cuenta.

Según el cofundador de Bremont, Giles English, «bajo el escrutinio de un crítico, cada reloj que fabricamos tiene que ser de la máxima calidad. Al margen de la marca y de nuestra historia, el producto tiene que resistir de un modo riguroso; sin embargo, sabemos que la razón por la que la gente compra nuestros productos es la emoción y la pasión que se desprenden de nuestra historia».

Bremont destaca por contar esas historias, y todo comienza con la fundación de la empresa: la historia de dos hermanos que comparten el amor por la aviación con su carismático padre. Luego está la trágica historia de la pérdida de su padre en un accidente de avioneta, que desembocó en la apasionada decisión de cumplir una ambición y crear una empresa de relojes para pilotos. Hay una historia encantadora sobre la forma en que decidieron el nombre de la compañía después de que los hermanos realizaran un aterrizaje imprevisto en una aventura aérea.

De inmediato sientes una conexión; cuando escuchas su historia, casi te sientes parte de ella.

Cada reloj de estos hermanos tiene una historia. Por ejemplo, la gama que se inspiró en el piloto de un bombardero B-2

Stealth, que quería un reloj que fuera negro por completo, a juego con su avión. Está la historia de ser la única empresa que ha probado sus relojes para el despliegue supersónico del asiento eyector desde un avión de combate, y también la de cómo cada piloto que eyecta (y sobrevive) recibe un bisel rojo especial en su reloj. Hay historias de aventureros que llevan relojes Bremont al Ártico, a las profundidades de los océanos, a los desiertos, a la atmósfera superior y a selvas remotas.

Tienen relojes que *solo* puedes comprar si eres «personal militar preautorizado». Tienen uno pintado a mano por Ronnie Wood, de los Rolling Stones; otro creado para detectives de Scotland Yard, y otro para una película de Hollywood sobre el servicio secreto. Cuentan que cada esfera de cristal está recubierta con nueve capas de protector antiarañazos y que tienen un método especial para que el acero sea más resistente que…, bueno, que el propio acero.

Antes de poner a la venta uno, la empresa empieza por contar su historia. Hay uno que contiene piezas de un importante avión de la Segunda Guerra Mundial, otro que incluye piezas del equipo de descifrado de códigos de Bletchley Park y otro cuya venta servirá para recaudar dinero para preservar un monumento histórico.

Como resultado de contar estas historias, muchos de los relojes se agotan la misma semana en la que salen a la venta.

Estas historias son cruciales; son tan importantes para el producto como el mecanismo que contiene la carcasa. Combinadas con un producto de alta calidad, estas historias se traducen en un negocio con un constante exceso de demanda. De hecho, algunos de los relojes usados de Bremont se venden al triple de lo que cuestan nuevos.

Esta es una lección para cualquier empresa que quiera sobresalir por encima de sus competidores y mantener su cuota de mercado: *cuenta tus historias.*

La verdad es que la mayoría de la gente que compra un Bremont no pilotará un bombardero B-2 Stealth ni se eyectará de un avión supersónico. La mayoría de sus clientes tampoco irán al Ártico, ni batirán un nuevo récord de apnea ni pasarán una semana solos en la selva amazónica, y, aunque lo hicieran, muchos no llevarían un reloj caro y coleccionable para enfrentar tales desafíos.

A la gente tan solo le encanta el romanticismo, la historia y la aventura que Bremont comparte con ellos.

Las grandes marcas de relojes tienen cientos de años de grandes historias que contar, pero a menudo publican los mismos aburridos anuncios a toda página que se ven en cualquier revista masculina. Una esfera de reloj ampliada, tal vez una celebridad o un deportista, quizá la foto de un coche de carreras, o puede que unas palabras sobre el hecho de que son suizos y su empresa se fundó a mediados de la década de 1850.

No cabe duda de que Bremont fabrica grandes relojes. Pero, si eso fuera todo lo que hicieran, no destacarían entre sus rivales. Es un buen competidor para estas marcas centenarias porque es mejor que ellas a la hora de compartir las historias que se desarrollan mientras fabrican grandes relojes.

En el mundo de los negocios, muchas personas se involucran tanto en su propia historia que pierden el entusiasmo y dejan de contársela a la gente. Simplemente dan por sentada su historia.

Cuando pienses en tu propio negocio, piensa en cuántos de tus clientes conocen las circunstancias que te llevaron a ponerlo en marcha. ¿Cuántos de tus productos tienen un relato sobre lo que os hace únicos? ¿Cuántos de tus empleados pueden explicarte por qué la empresa eligió ese nombre?

Si aún no has logrado un exceso de demanda, quizá no estás contando suficientes historias.

Muchas grandes historias ocultas

Las grandes historias memorables no tienen por qué ser grandes éxitos de taquilla para ser poderosas; solo tienen que ser auténticas y humanas.

Los pequeños momentos de triunfo crean grandes historias. Ver a la gente conseguir una victoria personal o conectar con una emoción real genera más interés que una gran historia que no toca el corazón.

Tu trabajo consiste en profundizar en una historia, encontrarle el trasfondo, preguntarte qué impacto tendrá en el futuro y examinar los detalles más sutiles. Tu trabajo también consiste en plasmarla por escrito, en vídeo o audio, y luego ponerla en línea, a disposición de todos. Cuando busques, descubrirás que tu empresa está llena de historias.

En cada restaurante se desarrollan decenas de historias cualquier noche: gente en una cita, gente que se ha recuperado de una enfermedad, gente que se pone al día con un ser querido… Cada despacho de contabilidad tiene acceso a decenas de historias conmovedoras: sus clientes asumen riesgos, crean empresas familiares, contratan a su primer empleado o realizan inversiones que les cambian la vida.

De modo que tu empresa también tiene una. Está la historia de por qué empezasteis y la de las personas implicadas, la de los tiempos difíciles que tuvo que soportar y la de cómo se recompensó a un empleado dedicado. Y también está la amistad que surgió de una relación profesional con un cliente. Esas historias son especiales.

La verdad está en los resultados

¿Funciona un anuncio de periódico si lo publicas al revés? No, no funciona, y es una idea muy mala. Lo sé porque lo he medido.

Durante una gran campaña en 2005, publicamos muchos anuncios en decenas de periódicos diferentes. En cada uno de ellos había un código de reserva junto al número de teléfono, y nuestro equipo recopiló los códigos de cada persona que respondió a nuestros anuncios.

Al cabo de unos meses, teníamos montones de datos útiles. Sabíamos que los que aparecían en un número de página impar superaban a los que estaban en un número de página par, por lo que valía la pena pagar más por ellos. Sabíamos que no había diferencia entre los anuncios a todo color y los que aparecían a dos colores, pero también descubrimos que los que eran en dos colores superaban a los anuncios en blanco y negro.

Un día decidimos probar qué pasaba si publicábamos uno al revés. Queríamos ver si la gente le daba la vuelta al periódico y si al hacerlo obteníamos una mejor respuesta. No fue así; de hecho, la tasa de respuesta del anuncio al revés cayó en picado. Por eso, solo lo probamos una vez.

Los números son poderosos. Solo cuando los examines verás más allá del ruido y te darás cuenta de lo que funciona y lo que no. Gran parte de los negocios son conversaciones, pero los números añaden un elemento de seriedad.

En la oficina, mis socios y yo tenemos un dicho: «La verdad está en los resultados». Cuando pensamos que tenemos una gran idea, pero al final fracasa en los números, la realidad es que esa idea no era tan buena. Por eso medimos todo lo que podemos cuando llevamos a cabo una campaña.

Medimos el coste por cliente potencial, el coste por venta, el número de consultas, el número de personas que se dan de baja, el número de clics y el porcentaje de conversiones. También comparamos un folleto con otro y probamos las conversaciones de venta largas frente a las cortas. Si podemos medirlo, lo hacemos.

La mayoría de las veces, mientras la campaña está en marcha, no hacemos mucho con los datos. Mantenemos un registro de la información y estamos atentos a las ideas básicas, pero nos enfocamos en ejecutar nuestro plan lo mejor posible durante la campaña. El momento de investigar es una vez que esta finaliza. Es entonces cuando analizamos esos datos y buscamos conocimientos, formas de mejorar y la verdad de los resultados.

Cuantas más ideas puedas aplicar a la siguiente campaña, más rápido crecerás. Eliminarás el desperdicio, pondrás más energía en una estrategia ganadora y te sentirás más seguro.

El análisis posterior

Cuando terminamos un evento o un día importante de una campaña, nos sentamos en círculo y hacemos una análisis posterior. La llevamos a cabo en ese momento porque los acontecimientos del día están todavía frescos en nuestras mentes.

Todos los miembros del círculo tienen voz y voto: voluntarios, personal, directores, ponentes invitados y proveedores. Si estás presente, se te pedirá que te unas al círculo. Nos movemos entre la gente y hacemos que todos respondan a seis preguntas:

- ¿Cómo calificarías el rendimiento de nuestro equipo en una escala del 1 al 10 y por qué?
- ¿Qué crees que hemos hecho bien?
- ¿Qué podríamos haber hecho mejor?
- ¿Qué herramientas o recursos te gustaría haber tenido en este evento?
- ¿Cuál ha sido el momento mágico en el que te has fijado?
- ¿Algo más?

Esta sesión de análisis posterior nos ayuda a completar ese importante acontecimiento y a retener ideas para el futuro. Nuestras reuniones han dado lugar a todo tipo de mejoras y son tan importantes para el proceso como cualquier otra parte de la campaña. Repetir los errores es un impuesto que no hay que pagar.

Tiempo de celebración y descanso

El lanzamiento de una campaña puede ser agotador mental, emocional y físicamente. Puede implicar largas jornadas, estrés, plazos ajustados, una logística que requiere mucho tiempo y muchas piezas en movimiento. Por ello, es fácil que todo el equipo acabe agotado tras una gran campaña.

Una vez organizamos tres eventos multitudinarios consecutivos en un periodo de tres meses que nos llevaron a ganar millones en ventas. Todo fue un gran éxito, salvo que todo el equipo quedó destrozado, y, una semana después de que hubiera terminado, tres personas importantes dimitieron. Fue un auténtico bajón de moral y un gran agujero en la empresa.

A raíz de eso, aprendimos una valiosa lección: si organizas grandes campañas, todo el mundo necesita algo que espere con ilusión: una fiesta y algo de tiempo libre. Ambos son ingredientes importantes. Al final de una campaña, sea cual sea el resultado, tómate tiempo para festejar en equipo y reconocer el esfuerzo realizado; algunas fiestas serán para celebrar una gran victoria y otras celebrarán el simple hecho de que todos hayáis sobrevivido.

Aunque el equipo sea pequeño, busca la forma de celebrarlo con una buena cena y una botella de champán. Después de la fiesta, establece como norma que tú y tu equipo tengáis un tiempo de descanso programado. Aunque solo sea durante unos días, debes asegurarte de que todo el mundo tiene la

oportunidad de desconectar: nada de correo electrónico, nada de llamadas telefónicas y nada de pensar en el trabajo.

La tentación será no dejar de trabajar. Hay nuevas oportunidades en tu bandeja de entrada, pedidos que atender y llamadas que devolver. Pero tienes que olvidarte de todo eso durante un fin de semana largo y salir a tomar el aire. Te aseguro que pondrás en peligro tu negocio si tú y tu equipo no os tomáis un tiempo de descanso.

Prepárate para la próxima campaña

El verdadero poder de las campañas consiste en pasar de una a otra sin problemas y en coger impulso. Has empezado con la planificación, has despertado el interés por la campaña, has conseguido un exceso de clientes y la demanda ha superado a la oferta; has realizado las ventas, has alcanzado la excelencia, has hecho una pausa para reflexionar y reponer fuerzas y ahora es el momento de empezar de nuevo.

A lo largo del año puedes realizar cuatro grandes campañas trimestrales o pequeñas campañas mensuales. Lo importante es pasar a la siguiente para poder aplicar lo aprendido, coger impulso y mantener la fluidez como equipo. Quizá te lleve tiempo conseguir el ritmo adecuado con el que tú y tu equipo estéis satisfechos, pero confía en que merece la pena encontrarlo.

No te dejes engañar pensando que una gran campaña te proporcionará beneficios durante una década. Una campaña con éxito es estupenda, pero una sola no basta para construir un negocio a largo plazo. Del mismo modo, aunque está claro que una campaña fallida es una experiencia terrible, tampoco debería hundir tu negocio. El poder está en la repetición y la mejora de tus campañas a medida que se desarrollan cada año.

Las campañas continuas no son fáciles. Sería maravilloso tener un gran producto, ponerlo a la venta y dejar que la gente se apresurara a comprarlo en masa. Pero, sin una estrategia para mantener el exceso de demanda, el negocio no suele ser rentable, y, cuando no es rentable, no es divertido ni sostenible.

Tampoco es fácil organizarlas y conseguir el exceso de demanda, pero merece la pena. He tenido muchas experiencias maravillosas al prepararlas. Hemos promocionado eventos con famosos, con empresarios y con líderes de gran éxito, y nuestras campañas nos han lanzado en Australia, Singapur, Estados Unidos, Reino Unido y Canadá. También nos han dado el empuje necesario para ser rentables y escalables incluso cuando la economía iba lenta o nuestro sector estaba saturado.

Actividad

¿De qué historias de éxito o cifras interesantes ya dispones y podrías compartir con más gente?

_____

_____

_____

¿Cuándo volverás a organizar una sesión análisis posterior con tu equipo para sacar conclusiones?

_____

_____

_____

¿Cómo te gustaría celebrar el éxito de tu próxima campaña?

_____

_____

_____

¿Has puntuado la preparación de tu empresa para las campañas? Solo te llevará unos minutos, pero te permitirá saber dónde debes concentrarte para obtener los mejores resultados. Visita www.dent.global/campaignscorecard.

PARTE III

TÚ, TU EQUIPO Y LOS TIEMPOS QUE CORREN

PREPÁRATE PARA SURFEAR LAS OLAS

Una gran ola está a punto de romper y, si remas, podrás surfearla durante años. En cambio, si no lo haces, acabarás mar adentro.

La ola es un fenómeno denominado «disrupción convergente», y ocurre cuando varias grandes tendencias se producen a la vez. A partir del 2020, existen tendencias masivas en tecnología y demografía que están poniendo el mundo patas arriba.

La tecnología digital irrumpió en el mercado a gran velocidad a partir del 2000. Durante muchos años, la tecnología fue demasiado básica o defectuosa para ser útil; sin embargo, ahora todo eso está cambiando.

En estos momentos, el mundo de los negocios experimenta grandes avances en el reconocimiento y la respuesta de voz, la automatización, la robótica, la logística, la inteligencia artificial, la gestión de datos, la fabricación y la colaboración para compartir recursos. Se ha llegado a un punto de inflexión en el que estas tecnologías han pasado de ser novedosas a ser fiables. Además, muchas de las que funcionaban de forma independiente se están integrando ahora con otras para convertirse en disruptivas de verdad.

La tecnología facilita la globalización y hace posible la formación de equipos a través de vastas fronteras geográficas. Por ello, hoy en día no es extraño que pequeñas empresas de menos de cincuenta personas tengan trabajadores en varios lugares. La globalización ejerce presión sobre los salarios en Occidente porque muchos trabajadores de todo el mundo compiten para realizar tareas por salarios más bajos. Los trabajos altamente cualificados pueden dividirse en partes gracias a la tecnología y las funciones especializadas pueden contratarse solo cuando sea necesario.

La tecnología facilita la desprofesionalización y posibilita que personas poco cualificadas realicen tareas muy técnicas. Una enfermera equipada con la tecnología adecuada puede realizar trabajos que antes solo hacían médicos especialistas. Un joven oficinista con un *software* básico puede editar una película, recabar información de un gran conjunto de datos, contratar a un colaborador, organizar un envío internacional de productos y poner en marcha una campaña publicitaria dirigida a un público muy específico, y todo ello antes del almuerzo.

La tecnología facilita la automatización. Un vídeo en YouTube podría sustituir a la mitad de un equipo de ventas, un sistema de evaluación en línea podría reducir la necesidad de analistas empresariales altamente cualificados, un portal del cliente podría reducir el tamaño del equipo de atención al cliente y un equipo de robots podría sustituir tres de cada cuatro puestos de trabajo en la industria manufacturera.

Al mismo tiempo que la disrupción tecnológica, asistimos a un cambio masivo en las economías occidentales debido a la demografía. Los *baby boomers* (los nacidos entre 1946 y 1964) que impulsaron la Beatlemanía se están jubilando. Esa generación masiva está entrando en los setenta, y pasan de trabajadores a jubilados, y de inversores a desinversores a medida que venden activos para financiar su jubilación o semijubilación. Los *baby boomers* poseen más del 65 por ciento de todos los activos de la economía y tendrán que encontrar la manera de transmitírselos a otros.

La generación del *baby boom* vivirá más tiempo sana que cualquier otra, y muchos de ellos vivirán de manera independiente hasta los noventa años. Eso supondrá una enorme presión para las administraciones públicas, ya que las personas mayores de setenta pagan por lo general muy pocos impuestos, pero recurren bastante a los sistemas de asistencia sanitaria y social.

Estas grandes tendencias demográficas y tecnológicas crearán una enorme ola disruptiva que transformará el funcionamiento de la economía y dividirá a la población en dos grupos: los de algún lugar y los de cualquier lugar.

Los de algún lugar son las personas que están apegadas a trabajar en un lugar concreto de una forma concreta. Están acostumbradas a trabajar en un sitio fijo y las incomoda la idea de trabajar para varias empresas en varios lugares, para gente a la que nunca han conocido en persona. Los de cualquier lugar, en cambio, se sienten muy cómodos trabajando desde cualquier parte del mundo para múltiples clientes. Aprovechan la tecnología para resolver problemas con activos digitales, forman equipos sin problema con personas a las que nunca han estrechado la mano y venden encantados a clientes que no hablan el mismo idioma que ellos.

Sin embargo, no basta con tener la mentalidad de estar en cualquier lugar. Debes aprovechar el momento para remar como un loco y subirte al lado favorable de la ola. Si no haces el trabajo ahora, la ola te dejará atrás.

No puedes hacer las cosas como siempre las has hecho; cada día que dedicas a hacer un trabajo funcional y repetitivo es un día que pasas quedándote atrás. Debes trabajar para que tu empresa sea más escalable, más digital, más divertida, más dinámica y más «en cualquier lugar».

Cada campaña que realizas, cada idea que pones en práctica, cada producto extraordinario que creas y vendes, cada asociación que forjas es tiempo bien empleado. Tienes que crear, contar historias, liderar, formar equipos, asociarte, cerrar tratos, innovar, perfeccionar, invertir y sistematizar lo que haces. Tienes que ser emprendedor.

Siempre animo a mis clientes a tratar esta época como un momento crítico de la historia. Incluso aunque les vaya bien, deben tener un sentido de urgencia para mantener la ventaja y hacer todo lo posible en este momento crítico para mantenerse en el lado favorable de la gran ola del cambio.

¿LUCHA, ESTILO DE VIDA O RENDIMIENTO?

A medida que avancemos más allá de la década de 2020 y la ola de cambio afecte a más personas, observarás que surgen tres tipos de equipos, y que cada uno juega en uno de estos tres juegos.

Un juego de lucha: estas personas se aferran al pasado, se atascan en el miedo, se niegan a avanzar y repiten procesos que no funcionan. Las empresas o las personas adictas a la lucha se pierden la visión de conjunto porque están demasiado ocupadas trabajando de una manera condenada al fracaso.

Tal vez tuvieron éxito en el pasado y no quieren renunciar a lo que una vez les funcionó. Quizá temen el futuro y creen que no cambiar es más seguro que aceptar los tiempos que corren. O es posible que intenten hacerlo todo por su cuenta y acaben ocupados en lugar de ser productivos.

Los propietarios de negocios que luchan no logran un exceso de demanda. Siguen haciendo las cosas que les dan problemas y fantasean con que les ocurra algún gran avance en lugar de provocarlo ellos mismos. Les molestan los cambios y no quieren enfrentarse a nuevos enfoques para hacer negocios. Incluso cuando se les ofrecen respuestas, a menudo parecen quedarse en la lucha porque es el juego con el que están más familiarizados.

Casi no importa por qué estas personas están atrapadas en la lucha. Lo más importante es reconocer que es un problema y dejar de repetir cosas que no producen el resultado deseado.

Si formas parte de un equipo que se resiste al cambio, o ves que en tu equipo hay personas adictas a la lucha, debes tomar medidas para formar parte de un equipo que trabaje unido por un objetivo común. Haz todo lo que puedas para evitar a las personas y los equipos destinados a tener dificultades; te arrastrarán con ellos.

Un juego de estilo de vida: en este caso, las personas maximizan la diversión, la libertad y la flexibilidad. El paraíso para estas personas es tener tres o cuatro días de trabajo agradables a la semana. Estos equipos son pequeños, eficientes y ágiles, por lo general de tres a doce personas, que dirigen un negocio rentable, obtienen buenos ingresos y comparten la pasión por lo que hacen. Pueden trabajar desde cualquier lugar del mundo, y a menudo lo hacen.

Estas empresas y personas se han dado cuenta de que vivimos tiempos especiales. Saben que no tienen por qué ser trabajadores tradicionales de fábrica o de oficina. Pueden ganar dinero, divertirse, viajar y ofrecer un gran valor a los demás.

Los negocios de estilo de vida utilizan el método empresarial basado en campañas para generar todos los clientes que desean en un corto espacio de tiempo. Suelen realizar de dos a cuatro campañas al año y disfrutan del tiempo de inactividad entre ellas.

Si lo que buscas es un estilo de vida repleto de diversión, libertad y flexibilidad, asegúrate de formar parte de un equipo con esta mentalidad, o crea uno tú mismo. Haz lo necesario para que todo esté alineado y se mantenga enfocado en ese objetivo.

Un juego de alto rendimiento: estas personas viven por y para el alto rendimiento. Están dispuestas a trabajar más de cincuenta horas a la semana, formar un equipo de más de cincuenta personas, abrir en más de cincuenta ciudades y construir su negocio sobre una misión audaz y un gran propósito. También están interesadas en ganar mucho dinero a costa del equilibrio entre la vida laboral y la personal.

También se han dado cuenta de que vivimos tiempos apasionantes y quieren cambiar sus vidas y las de sus familias e influir en mucha gente. Siguiendo con la metáfora del surf, el que busca un estilo de vida disfruta al surfear las olas más pequeñas y divertidas en un día soleado, mientras que el de alto rendimiento se adentra en la tormenta para coger las olas más grandes.

Los de alto rendimiento utilizan el método empresarial impulsado por campañas para llenar su capacidad en poco tiempo y luego reinvertir su energía en hacerla crecer. Quieren influir en el mayor número de personas posible, y ven este método como una forma más rápida de conseguirlo. También lo utilizan para conseguir financiación en las mejores condiciones posibles. De modo que, si lo tuyo es el alto rendimiento y los grandes beneficios, asegúrate de formar un equipo en el que todos compartáis este entusiasmo por centraros primero en el trabajo y luego en todo lo demás.

No hay nada malo en tener una cultura de alto rendimiento, que parece agotadora para el resto del mundo, pero hay que ser claro al respecto y la gente debe saber en qué se está metiendo. Algunas personas quieren equilibrio, y eso les va bien; otras quieren lanzarse de cabeza a su trabajo, y eso también les está bien si se las advierte con claridad.

El mero hecho de querer un negocio de alto rendimiento o las recompensas económicas que conlleva no es relevante, sino que debes tener en cuenta lo siguiente:

- No todos los negocios están destinados a ser más grandes que uno de estilo de vida. Algunas campañas funcionan dos veces al año, pero no diez. Algunos micronichos muy rentables son lo bastante grandes para generar dos millones de dólares al año, pero no veinte al año en ventas.
- No todas las personas son aptas para un negocio de alto rendimiento. A algunas personas no les gusta el es-

trés de tener que gestionar una gran capacidad. Dirigir equipos de más de cincuenta personas requiere sistemas y estructuras, lo que a veces puede dejar de ser divertido, mientras que, en comparación, un equipo de tres a doce personas se autorganiza y es más dinámico.

- Las estrategias ganadoras que te permitieron alcanzar tu estilo de vida no tienen por qué llevarte al rendimiento (esto puede requerir más financiación, acuerdos más grandes, más personal y requisitos legales y contables más estratégicos).

Un negocio de estilo de vida puede hacerte feliz y un negocio de rendimiento puede volverte loco. Es como si una persona a la que le gusta jugar al tenis con amigos pensara que le gustaría jugar de forma profesional; lo más probable es que no quiera practicar tanto ni asumir mayores riesgos financieros para llegar hasta Wimbledon.

Tu objetivo es tener un exceso de demanda, no necesariamente ser *grande*. Utiliza los métodos para encontrar el equilibrio adecuado para ti.

Tanto los negocios de estilo de vida como los de alto rendimiento requieren que trabajes con otras personas; una forma segura de tener dificultades es intentar hacerlo todo tú solo. Tanto si estás creando un negocio de estilo de vida con cuatro personas como uno de alto rendimiento con ciento cincuenta, necesitarás a un equipo con talento a tu alrededor para poner en práctica las ideas juntos, a mentores que te guíen y a un grupo de compañeros que te inspiren. Por ello, la siguiente sección del libro se centra en la importancia de que tú y tu equipo deis lo máximo cada día.

EL EQUIPO EMPRESARIAL
IMPULSADO POR CAMPAÑAS

El negocio es complejo, y es imposible hacerlo todo uno solo. Triunfar más allá de la década del 2020 requiere que formes parte de un equipo dinámico y alineado. Para lograr un exceso de demanda, tendrás que reunir a un grupo básico de personas para que asuman el reto de hacer que tu empresa alcance un exceso de demanda. Para ello, necesitarás un equipo empresarial impulsado por campañas, formado por al menos cuatro personas que asuman funciones clave:

- **Persona clave de influencia:** se trata de alguien conocido, apreciado y de confianza en el sector que dispone de una poderosa red de contactos, puede hacer que una operación triunfe, y tiene una visión genuina y éxito comercial. Esta persona marca el tono de la cultura, define la visión y encarna los valores del equipo.
- **Jefe de ventas y *marketing*:** esta persona es la responsable de generar clientes potenciales, realizar ventas y recoger referencias. Se centra en atraer negocios mediante campañas bien ejecutadas.
- **Jefe de operaciones y productos:** la responsabilidad de esta persona es dejar encantados a los clientes. Su objetivo es que a cada cliente le guste tanto su experiencia que recomiende la empresa a más personas.
- **Jefe de finanzas, logística y elaboración de informes:** esta persona está al corriente del dinero y los números

y busca formas de crear eficiencias, proporcionar informes útiles al equipo y garantizar que se gestionan todas las cuestiones de cumplimiento. También se responsabiliza de las compras, la logística y los pagos.

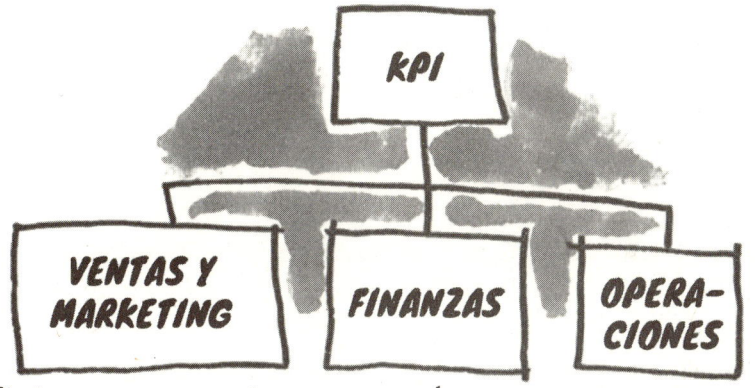

Si tienes una pequeña *startup* con la que esperas causar sensación o trabajas en una gran compañía y tienes el objetivo de producir un resultado dinámico dentro de tu división, este pequeño equipo es un poderoso punto de partida.

Cuándo contratar a tu equipo

Como alguien que ha puesto en marcha varias empresas de éxito, la gente me pregunta a menudo cómo empecé como empresario individual trabajando solo: ¿en qué momento contraté a mi equipo? La verdad es que nunca he trabajado ni un día solo; todas las empresas que he creado empezaron con un pequeño equipo que cubría estas funciones desde el primer momento. Al principio, esto significaba pagarle a la gente una comisión sobre las ventas, pagarles por unas horas de ayuda a la semana o pedirles a los amigos que me apoyaran como voluntarios en mis eventos de lanzamiento a cambio de una cena y unas copas después. Cuando empiezas, puede ser complicado conseguir que la gente se una a tu equipo, pero es mucho más fácil que tratar de hacerlo todo tú solo.

Imagina que te dispones a jugar un partido de fútbol. Entiendes que, en última instancia, es un deporte de equipo, y que los equipos superarán a los individuos, pero decides empezar solo de todos modos. Piensas que, si entras solo en el campo y empiezas a jugar, será más fácil y rápido que encontrar un equipo. Decides tratar de lanzar a puerta tú solo y, después de marcar algún gol, salir corriendo a reclutar a nuevos jugadores para tu equipo.

Está claro que este plan no funcionará. Te ganarán los equipos contrarios porque son más rápidos, están mejor organizados y cada jugador se centra en su función específica. De modo que acabarás tan agotado por correr de un lado a otro y por hacerlo todo solo que no tendrás tiempo de buscar a gente para que se una a tu equipo. No marcarás goles, pero el reloj seguirá corriendo.

Es obvio que nadie en su sano juicio adoptaría este enfoque para un deporte. Sin embargo, a la mayoría de la gente se le escapa esta lógica, y cree que es totalmente apropiada para crear su empresa. Empiezan un proyecto solos, creen que ganarán algunos clientes sin necesidad de nadie más y que más adelante, cuando el dinero empiece a llegar, ya contratarán a un equipo. Pero no funciona así. Te agotas, te quedas atrás y pierdes negocios frente a un equipo que se ha creado desde el principio.

Debes contar con un equipo de alto rendimiento al inicio de cualquier nuevo proyecto. Si no lo has hecho hasta ahora, es el momento de reclutarlo.

Muchas grandes empresas incluso asumen que lo ideal es crecer primero y luego contratar, pero el equipo que tienes hoy te ha llevado hasta aquí; por ello, para llegar más lejos, necesitas más y mejores jugadores. En las grandes empresas, es importante reconocer que primero hay que contratar a los nuevos jugadores para que luego venga el nuevo crecimiento.

Las principales funciones de tu equipo empresarial impulsado por campañas

Todo el equipo de la campaña tiene un objetivo principal: lograr un exceso de demanda y deleitar a los clientes. Juntos, el equipo trabajará, innovará, se adaptará y perseverará hasta alcanzar y mantener ese objetivo.

Analicemos con más detalle la función de cada miembro del equipo.

Función 1: La persona clave de influencia

Cualquier proyecto necesita a una persona influyente que lo impulse; un líder que lo aglutine todo. Como ya hemos dicho, las personas que desempeñan este papel deben ser conocidas, apreciadas y merecedoras de confianza en tu sector para que así consigan el apoyo de todas las demás personas clave que pueden contribuir al éxito del proyecto.

Esta persona debe ser capaz de vender la visión, transmitir el mensaje correcto, reunir a las partes interesadas y al equipo y tomar las decisiones definitivas con el apoyo del equipo.

Hay cinco fortalezas fundamentales que convierten a alguien en una persona influyente clave y, como cualquier otra habilidad, se pueden aprender y desarrollar:

- **Discursos de venta:** la capacidad de comunicar con claridad tu mensaje de forma que influya en la gente para que se implique en tus proyectos. Necesitarás habilidades para reunir a tu equipo y conseguir financiación, socios y ventas.
- **Edición:** la capacidad de escribir blogs, artículos, informes y contenido convincente que la gente pueda leer, con la que se identifique y que pueda compartir con los demás. Tener un exceso de demanda exige difundir un mensaje, y hoy en día eso significa que ese mensaje tiene que estar impreso *y* en línea.

- **Convertirlo en producto:** la capacidad de convertir información valiosa en productos (o en «ofertas de servicios estandarizados») o innovaciones que puedan ampliarse. Los productos atractivos están en el centro de todos los negocios con un exceso de clientes.
- **Reseñas:** la capacidad de llevar las ideas por encima del ruido y ganar visibilidad para ti y tu causa. También significa que esta persona clave de influencia tiene un perfil ya creado que puedes aprovechar.
- **Asociación:** la capacidad de formar alianzas estratégicas con otras personas valiosas que pueden ayudar a que las cosas sucedan más deprisa.

En realidad, no se consigue nada sin una persona clave de influencia. Puedes tener sistemas, productos, ideas y recursos, pero todo quedará latente sin una fuerza impulsora detrás.

¿Estás dispuesto a ser esa persona? ¿Liderarás el equipo? ¿Te atreverás a asumir el riesgo? Si no eres tú, ¿quién será? El proyecto necesita a alguien que lo haga, no es algo opcional ni un extra.

Cuando puse en marcha mi primer negocio, tenía veintidós años y carecía de experiencia. Encontré a un veterano de mi sector y le pagué un porcentaje de cada venta para que fuera la persona clave de influencia de mi negocio. Aunque este hombre se había jubilado, el simple hecho de que su nombre estuviera vinculado a nuestro negocio bastó para abrirnos las puertas que necesitábamos. También fue muy valioso contar con su perspicaz mirada en algunas de nuestras decisiones más importantes.

No se puede alcanzar el éxito sin una persona clave de influencia implicada *en alguna parte*. Si no te sientes preparado para desempeñar este papel tú mismo, entonces tienes que conseguir que alguien con influencia lo asuma. Debes posicionarte como una persona clave de influencia y trabajar junto a otras como tú para conseguir un exceso de demanda.

Hoy en día, hay tres niveles de marca que tu empresa necesita para despegar:

- **Producto:** las marcas que asociamos a un producto o servicio que podemos comprar, por ejemplo, el Model S.
- **Empresa:** las marcas que asociamos a una empresa a la que podemos comprar, por ejemplo, Tesla.
- **Personalidad:** las marcas que asociamos con personas clave de influencia que representan a empresas y productos, por ejemplo, Elon Musk.

El debate original sobre la gestión de marcas comenzó con las marcas de productos. Con algunas de las primeras, como Coca-Cola, Hoover y Marlboro, vimos productos que eran tan fuertes que construyeron empresas multinacionales sobre ellos. Estas empresas compartían el mismo nombre e identidad de marca que su producto; nadie sabía ni le importaba quién era el director general, el fundador o el inventor.

El segundo nivel que apareció fue cuando las empresas se hicieron más complejas y empezaron a vender múltiples productos. Entonces surgió la separación entre marcas de producto y marcas de empresa. McDonald's era conocida como la *empresa* que vendía *productos* como Big Macs, McShakes y Happy Meals. General Electric, 3M y LG empezaron a producir muchas gamas de productos y tenían tanto marcas de producto como de empresa fuertes. La gente quería saber quién era la compañía detrás de los productos, pero todavía no esperaba saber mucho sobre sus trabajadores.

En los últimos tiempos hemos asistido a la aparición del tercer tipo de marca: la de la persona clave influyente o marca de personalidad. Los pioneros, como Nike, utilizaron marcas de personalidad como Michael Jordan para vender sus marcas de producto, como las zapatillas Air Jordan. Vimos cómo Steve Jobs impulsaba productos de Apple como el Mac, el iPod y el iPad. La personalidad de Richard Branson impulsó la marca de la empresa Virgin desde la industria musical hasta productos nuevos por completo, como trenes, aviones y teléfonos móviles.

Con la omnipresencia de las redes sociales, es posible que la marca de personalidad sea la más poderosa para impulsar tu negocio. Si a la gente le gustas y confía en ti, comprará lo que representas. Y, como pequeña empresa, es mucho más fácil competir con las grandes si construyes una marca de personalidad que si te enfrentas a sus marcas establecidas de productos y empresas como un segundón.

El australiano John Simmonds convirtió Aussie Home Loans en un proveedor de hipotecas multimillonario. El público australiano se había acostumbrado a ver anuncios de grandes bancos que parecían todos iguales: impersonales, tópicos y típicos. Entonces apareció Simmonds, que miraba fijamente a la cámara, te hablaba como fundador y consejero delegado de la empresa y te hacía una promesa directa: «En Aussie, te salvaremos».

Nadie en el país había visto nunca que el director general de un banco hiciera promesas. Nadie conocía ni siquiera al director general de su banco. La marca de personalidad de Simmonds captó muchos negocios en un sector que estaba bajo el control de algunos de los mayores bancos del mundo.

Los consumidores quieren saber quién es la cara que hay detrás de una empresa que a veces parece no tener rostro. No solo quieren conocer al fundador o al CEO; también quieren saber quiénes son los ingenieros, los líderes y las personas que trabajan en la base.

La mayoría de las grandes compañías aún no lo hacen, lo que les da a las pequeñas empresas una ventaja a la hora de construir una marca de personalidad poderosa. Pueden producir vídeos, dar charlas y escribir libros y blogs con facilidad. Aunque sean pequeñas, pueden parecer grandes en internet.

Una pequeña empresa nunca podrá competir con una grande en lo que respecta a la creación de una marca de empresa o *branding*. Y, aunque en el futuro las grandes mejorarán en la construcción de marcas de personalidad, aquí es donde una pequeña puede superar a los competidores más grandes, al menos por ahora. Como beneficio adicional, un líder empresarial que construye una marca de personalidad atraerá oportunidades más allá de la vida de cualquier empresa en particular. Los sectores pueden cambiar, pero las personas influyentes no dejan de atraer grandes negocios.

Una vez que hayas decidido quién es la persona clave de influencia, deberás reclutar a los demás miembros vitales de tu equipo para las campañas. Estas personas pueden tener cierta influencia, pero no pueden conseguir una victoria por sí solas.

Actividad: Completa el cuadro de mando de la persona clave de influencia en www.keypersonofinfluence.com/scorecard

Función 2: Jefe de ventas y *marketing*

Los mejores comerciales y vendedores valen su peso en oro. Invítalos a un evento de *networking* y saldrán con clientes potenciales, dales clientes potenciales y volverán al día siguiente con pedidos y dales una lista de clientes existentes y conseguirán referencias de ellos. A esta persona le importan tres cosas: los clientes potenciales, las ventas y las referencias. Todo lo demás no es más que una distracción.

Un vendedor de calidad transforma sus campañas. Me atrevería a decir que es imposible hacer campañas rentables sin un gran seguimiento de ventas. Cuando lancé mi primera empresa, tuve la increíble suerte de que mi mejor amigo, Glen Carlson, fuera uno de los mejores vendedores del mundo y decidiera crear el negocio conmigo. Hasta el día de hoy, nunca he encontrado una mente mejor para la estrategia de ventas perspicaz y sin dificultades.

En aquellos primeros días, yo centraba todos mis esfuerzos en lanzar campañas potentes cada mes y en generar mucha expectación y atracción, y Glen se aseguraba de que nunca se nos escapara una venta. Hacía más de cincuenta llamadas al día, se ponía en contacto con la gente cuando decía que lo haría, desarrollaba guiones que contaban nuestra historia a la perfección, los ensayaba y los presentaba. Si le daba una lista de cien clientes potenciales, me devolvía más de treinta ventas realizadas. El negocio creció hasta convertirse en una empresa de siete cifras en su primer año, en gran parte gracias a la destreza de Glen en las reuniones de ventas.

Ahora compáralo con la mayoría de las empresas emergentes, que pasan apuros durante sus primeros años. La mayor parte de las veces, el fundador es el único que vende. En lugar de crear un gran producto, elaborar una campaña eficaz o establecer una asociación innovadora, los fundadores dedican su tiempo a buscar ventas y no tardan mucho en dejar de ser eficaces en ello o en el crecimiento de la empresa.

De nada sirve crear una página de inicio impresionante o grabar un vídeo brillante si no cuentas con los mejores vendedores. Todos esos clientes potenciales se echarán atrás si nadie les hace un seguimiento. Por eso, tu equipo de campañas necesita a una persona responsable de las actividades de ventas y *marketing*.

Si no tienes a esa persona, contrátala hoy mismo. Al principio quizá tengas que ofrecerle un periodo de prueba solo con comisiones. Dale doscientos cincuenta clientes potenciales y mira a ver qué te devuelve; un buen vendedor generará más dinero con doscientos cincuenta clientes potenciales que el coste de contratarlo y mantenerlo.

Recuerda que no tendrás éxito como empresa impulsada por una campaña si no cuentas con grandes vendedores. Es poco probable que logres un exceso de demanda, por muy bueno que sea tu producto o por muy reconocida que sea tu marca. Recuerda lo que hemos dicho antes: las grandes marcas, como Google, Apple, BMW, Ferrari, HSBC, Citibank, Virgin, Coca-Cola, Microsoft, Rolex, Omega y Disney, tienen vendedores y programas de formación. Todas ellas buscan sin parar a buenos vendedores y les pagan unos ingresos sustanciosos. Si las marcas más valiosas del mundo tienen y todavía necesitan a profesionales de la venta, tu equipo de campañas también.

Herramientas de *marketing*

Para comercializar una empresa, hay que tener acceso a los recursos de *marketing* adecuados. Sin estos recursos, no puedes esperar que una persona sea capaz de generar clientes potenciales para tus vendedores.

Tu equipo de *marketing* tendrá que desarrollar estos activos clave:

- **Copias e imágenes aprobadas:** deben tener acceso a un mensaje aprobado por *escrito* y a una biblioteca de imágenes que represente a la marca. Un buen equipo de *marketing* puede convertir este contenido y estas imágenes en materiales convincentes, pero necesitan que tú y tu empresa les proporcionéis el punto de partida.
- **Contenido aprobado:** el contenido puede incluir artículos, informes, estudios de casos, ideas, recetas, historias, ejemplos y similares, y puede ser en formato audio, vídeo o escrito. El personal de *marketing* puede utilizarlo de cientos de formas distintas para captar a clientes potenciales.
- **Sistemas de captación de clientes potenciales:** necesitarán un sistema para recoger y almacenar los datos de las personas que responden a los materiales. Tanto si utiliza un sistema automatizado en línea como uno telefónico de la vieja escuela, necesitas saber quién está interesado y de dónde procede.
- **Puntos de referencia de medición:** deben saber cuál es el coste por cliente potencial permitido, el coste por venta permitido y el presupuesto permitido para probar ideas. Si no disponen de estos puntos de referencia, se paralizarán por miedo o se volverán locos por exceso de actividad.

Herramientas de venta

Ya hemos mencionado que las conversaciones de venta no son simples charlas triviales y que un vendedor necesita herramientas. Para ser claros, estas son las cinco que necesitas desarrollar para tu vendedor:

- **Guiones:** debe ser un plan de conversación con guion que el vendedor pueda ensayar y perfeccionar. Al contrario de lo que la gente cree, los grandes vendedores utilizan guiones.
- **Folletos:** vivimos en un mundo digital, y todas las empresas deberían tener su material valioso en línea. Sin embargo, hay un documento importante que debe estar impreso: el folleto. No importa si tu empresa es el próximo Google o Facebook: tus vendedores necesitan folletos impresos. Estos documentos son lo que mantiene unidas las conversaciones de venta cara a cara, y el simple hecho de elaborar uno hará que tu equipo de campañas se alinee con el valor comercial de lo que vendes. Un buen folleto debe contar la historia del producto, la filosofía que hay detrás de tu creación, los atributos clave, los beneficios y las ventajas que aporta. Y también debe hablar de las personas clave que participan en él, contar con estudios de casos y testimonios de usuarios, así como con opiniones de expertos y validaciones externas.
- **Diagramas:** tus vendedores necesitan un diagrama que represente de forma visual el valor que ofreces. Debe ser algo que podáis dibujar sin problema en una servilleta y algo que cree una historia sobre por qué tu empresa es valiosa. De hecho, debe ser tan sencillo e impactante que tus clientes sean capaces de dibujárselo a *sus* amigos después de verlo una vez.
- **Formulario de registro:** tus vendedores necesitan un formulario físico y otro digital que puedan rellenar

cuando lleguen a un acuerdo con un cliente. En él se indican tanto los datos del cliente como la forma en que pagará tus productos y servicios. He conocido a muchos vendedores que han obtenido un negocio y que no lo han «firmado» en el acto, y han visto esa misma semana que la venta se enfriaba. Un formulario de registro es un poderoso marcador que indica que todas las partes han llegado a un acuerdo y que avanzamos juntos.

- **Acuerdo de términos y condiciones:** una hoja de términos y condiciones acompaña a un formulario de registro y contiene todos los detalles de lo que los clientes han firmado y las condiciones que se han establecido. Cualquiera de las partes puede consultar el documento y ver exactamente lo que se ha acordado.

Del mismo modo que no pueden esperarse resultados de un fotógrafo que no tiene equipo o de un dentista que no tiene instrumental, no puede esperarse que un vendedor ofrezca resultados sin estas herramientas.

Función 3: Jefe de operaciones

Existe una medida muy conocida que tu empresa debe conocer: el «índice de promotores neto» (o NPS, por sus siglas en inglés). En pocas palabras, es la puntuación que te darían tus clientes cuando se les pregunta: «¿Qué probabilidad hay de que recomiende este negocio a alguien como usted?».

Lo creas o no, esta medida es la puntuación más correlacionada para predecir si tu negocio crecerá y será rentable. Dos tercios de las mil empresas más importantes de Estados Unidos miden esta puntuación para ver si la fidelidad de sus clientes ha mejorado.

Los estudios de Bain & Co. sugieren que, si la puntuación media es inferior a siete sobre diez, no tienes ninguna posibilidad de que tu empresa crezca o sea rentable a largo plazo. En cambio, si obtienes una puntuación alta, tu empresa tiene futuro.

Por eso, tu jefe de operaciones tiene que vivir por y para esta cifra. Esta persona tiene que acostarse pensando en ella, levantarse pensando en ella y pasarse el día haciendo lo posible por mejorarla.

Piensa en todo lo que implica esta puntuación. Si es buena, indica que te has dirigido al tipo de persona adecuado, has creado las expectativas correctas, las has cumplido y las has superado con algo inesperadamente bueno.

Los jefes de operaciones tienen que vigilar esta puntuación. Deben asegurarse de que los equipos de *marketing* y ventas establecen las expectativas correctas y de que los clientes obtienen lo que querían, y luego algo más que eso. Su objetivo es diseñar una forma de hacer todo esto utilizando tanta automatización y sistematización como sea posible.

Tienen que creer a pies juntillas que cada dólar ahorrado tiene el poder de deleitar aún más a sus clientes y mejorar así esa puntuación.

Los responsables de operaciones aportan valor a los clientes. No acostumbran a ser los mejores vendedores, porque es más fácil que se pongan en modo solución que en modo venta. Pero, siempre que tengan clientes que ya han pagado con los que trabajar, serán un miembro vital del equipo.

Deben ser creativos a la hora de mejorar la puntuación de fidelidad de los clientes. Para ello, hay cuatro áreas en las que centrarse:

- **Crear un producto mejor:** un producto brillante conllevará un gran resultado en el NPS. Si resuelve un problema mejor de lo que nadie esperaba, entonces se pondrá de moda. La gente de operaciones siempre querrá mejorar el producto, que nunca será lo bastante bueno para ellos. Si los dejas experimentar, irán más allá del buen juicio para mejorarlo.

- **Construir un mejor sistema de entrega:** un gran producto resulta demasiado caro si el sistema de entrega es ineficiente. El valor que se ofrece es el resultado final, pero la ineficacia en la forma de entregarlo eleva los costes y los repercute en los clientes o los accionistas. En cualquier caso, la empresa corre peligro si los sistemas no están cuidados.

- **Cambia el mercado objetivo:** si intentas vender un Ferrari a una familia de cinco miembros, tu índice de promotores neto será bajo. El producto es de primera clase, pero no es adecuado para una familia numerosa; serían mucho más felices con un sedán. En otras palabras, si el producto se presenta al mercado equivocado, la puntuación del NPS será baja. El responsable de operaciones debe informar al responsable de *marketing* sobre el tipo de personas a las que les gusta el producto y aquellas a las que no.

- **Cambiar las expectativas:** las expectativas las crean el *marketing* y los vendedores, el empaquetado y la entrega del producto o el proceso de incorporación del cliente. Una buena persona de operaciones siempre está atenta a las expectativas que se han creado para los clientes, y tiene que cumplirlas o bien asegurarse de que no se han creado unas demasiado altas. Por ejemplo, si un vendedor hace afirmaciones exageradas para conseguir una venta, el responsable de operaciones debe cortarlas de raíz.

Función 4: Jefe de finanzas e informes

Por alguna extraña razón, mucha gente considera que la función financiera es aburrida, monótona o incluso *opcional*. Quizá algunas personas han tenido malas experiencias por un bajo rendimiento en este papel y ahora pierden la visión de conjunto; sin embargo, el papel de las finanzas y la presentación de informes está ahí para ayudar a dirigir la campaña hacia un resultado rentable. Las personas adecuadas están a la caza para conseguir el efectivo de la operación. También buscarán de forma activa el acceso a inversiones, préstamos, subvenciones y descuentos, y establecerán mejores condiciones con los proveedores, pues encontrarán la manera de obtener un descuento por volumen en condiciones de pago ampliadas y con un servicio adicional.

Saben que cada dólar que desbloquean crea una oportunidad mayor para la empresa. Están orgullosos al saber que dotan de recursos a todo el equipo y hacen posible lo imposible. Al contrario de lo que mucha gente piensa, un gran financiero no arruina la fiesta, sino que la hace posible. Se adelanta a los acontecimientos y busca formas de conseguir el dinero que se necesita. Transmite información al equipo sobre lo que funciona y lo que no, y les recuerdan a los vendedores que solo les faltan tres ventas para alcanzar su mejor marca personal. También le explican a la persona clave de influencia que se ha alcanzado un nuevo hito y que puede contarlo cuando cierre tratos, y a la persona de operaciones le comunican que se están gastando miles de libras en material impreso no esencial y que una solución digital les ahorraría una media de 754 libras al mes.

Los grandes expertos en finanzas y elaboración de informes preparan los documentos que atraerán inversiones y financiación, y son capaces de decirle al equipo si una campaña ha sido rentable el mismo día en que ha terminado. Esta persona es práctica, proactiva y tiene la misma chispa e impulso que el resto del equipo, y es fundamental que todos reconozcan y fomenten su talento. A menudo, toda la gloria se la lleva el vendedor o la persona clave de influencia; pero asegúrate de celebrar también los logros del personal de finanzas. Choca los cinco cuando reduzcan costes innecesarios o invítalos a una botella de champán cuando aseguren una línea de crédito o mejoren las condiciones con los proveedores.

El responsable financiero debe centrarse en las siguientes tareas:

- **Informes rápidos:** proporciónale al equipo la información que necesita para mejorar la empresa. Hazles saber dónde se han acumulado pequeños costes, infórmalos del gasto que produce malos resultados y bríndales indicaciones oportunas sobre un éxito o un fracaso.
- **Mejores condiciones para los proveedores:** cualquier buen financiero sabe que, si los proveedores ofrecen mejores condiciones, la situación de tesorería de una empresa mejora de manera considerable. Y la diferencia entre un plazo de pago de catorce días y otro de treinta puede ser decisiva para una pequeña empresa. Si se puede conseguir un descuento del cinco por ciento, acostumbra a ir directo a la cuenta de resultados.
- **Cobros:** de nada sirve tener un montón de pedidos encima de la mesa sin dinero en el banco. El responsable financiero tiene que esforzarse por conseguir que las ventas se paguen lo más rápido posible. No dejes que la situación de tesorería de la empresa decaiga; si la gente tarda en pagar, haz las llamadas necesarias y asegúrate de que el dinero llegue a tu cuenta.
- **Acceso a financiación o inversión:** si las campañas funcionan, hay que prepararse para la expansión. Es

solo cuestión de tiempo que el equipo quiera aumentar la actividad, y para ello necesitará atraer inversiones, obtener un préstamo o desbloquear un presupuesto mayor. El responsable financiero debe asegurarse de que dispone de la documentación de apoyo necesaria para hacerlo realidad.

Una empresa que lleva a cabo campañas de éxito y se mantiene con un exceso de demanda tendrá a jugadores fuertes en cada una de estas cuatro funciones. Se respetarán mutuamente y trabajarán alineados para mejorar sin cesar la experiencia del cliente, aumentar la capacidad y conseguir el exceso con clientes perfectos.

Crear cultura desde el principio

Para crear un equipo de alto rendimiento se necesita una cultura de alto rendimiento, la cual se centra en alinear al equipo con una visión, una misión y unos valores claros. También creo que es importante establecer máximas o principios que marquen la dirección de cómo afrontamos los retos de la empresa como equipo.

Dent Global ha sido galardonada por Investors in People como líder mundial en la creación de cultura. La consideramos nuestra principal estrategia de éxito a largo plazo, e integramos nuestra visión, misión, valores y máximas en cada miembro del equipo que contratamos.

Una visión debe responder a la pregunta de cómo vemos el éxito. La de Dent Global es «desarrollar emprendedores que destaquen, crezcan y tengan un impacto positivo en el mundo, en línea con los objetivos mundiales de la ONU». Nuestra misión es «crear entornos de alto rendimiento en los que se acelere el éxito de los emprendedores». Este es un buen ejemplo de cómo se ve el éxito, porque nunca termina.

Nuestros valores son «sé valiente, diviértete, marca la diferencia». Además, tenemos estas siete máximas:

- **Recibes lo que pides, y siempre pides:** las palabras tienen poder, y puedes conseguir casi cualquier resultado gracias a ellas. Ten cuidado con lo que dices, ya sea bueno o malo, porque podrías hacerlo realidad.
- **La influencia viene de la producción:** la influencia no proviene de ser genial o de utilizar técnicas manipuladoras; más bien, proviene de una producción prolífica de alto nivel. Afina las ideas en tu mercado, no en tu mente.
- **Los ingresos siguen a los activos:** los activos son cualquier cosa que sería valiosa mañana si hoy un autobús atropellara a todo el equipo. Un folleto, un sistema, un vídeo, un documento de formación y un guion de venta son ejemplos de activos. Tu trabajo consiste en crearlos y utilizarlos al máximo.
- **Nos hacemos famosos gracias a los resultados de nuestros clientes:** tu intención no tiene que ser ponerte en el punto de mira, sino buscar formas de mostrar los casos de éxito de tus clientes y dejar que sus resultados hablen por ti.
- **Colaboramos con todas las personas que están en contacto con nuestra empresa:** actuamos con un profundo cuidado y respeto por las necesidades y los deseos de las personas con las que nuestra empresa entra en contacto. Pensamos en todos como socios de nuestro éxito y en nosotros como socios de *su* éxito.
- **Prolífico es mejor que perfecto:** ninguna empresa es perfecta; todo el mundo comete errores. No dejes de avanzar ni de mejorar tu empresa. No hay que ser perfectos; los movimientos precisos en la dirección correcta son mejores que la procrastinación.
- **La innovación nunca termina:** las mejores empresas se gastan entre el cinco y el quince por ciento de sus ingre-

sos en investigación, formación y desarrollo. Las compañías estancadas evitan la innovación, la formación, el desarrollo y la investigación, ya que lo perciben como algo costoso. Si se invierte en innovación, esta no se detiene.

Estas máximas marcan la pauta y ayudan a plantar las semillas de una cultura de alto rendimiento. Siéntete libre de tomarlas prestadas o de crear las tuyas propias.

Paso a la acción: conectar con otros equipos es divertido y acelera el aprendizaje. Únete al grupo de Facebook Oversubscribed para conectar con otros y ver ejemplos reales de lo que hacen los demás: www.facebook.com/groups/oversubscribed.

Estás listo, ¡vamos!

Solo necesitas empezar con ese pequeño equipo de cuatro personas que tienen una visión alineada para lograr un exceso de demanda y ejecutar campañas exitosas. Tendrás que aplicar los principios de los que hemos hablado al inicio de este libro y trabajar el método empresarial basado en campañas.

Sigue mejorando. Sigue siendo creativo. Sigue divirtiéndote. Y, sobre todo, no pierdas de vista el objetivo.

Los negocios no son *intrínsecamente* divertidos. Mucha gente experimenta dolor, humillación, angustia y desesperación al dedicarse a ello. Puede ser solitario, frustrante y agotador a medida que pasan los años.

El sueño que se vende a la gente es que los negocios son la alegría de la huerta y que ser empresario es un camino hacia la libertad y la aventura. Puedo asegurarte que la mayoría de los que conozco no viven ese sueño. Pero la gente con éxito que conozco tiene algo en común: tienen un exceso de demanda.

Tienen más oportunidades de las que saben aprovechar. Tienen más clientes de los que pueden atender, e inversores haciendo cola. Pueden elegir su próxima aventura con todas las opciones abiertas. Disfrutan del estrés de tener mucho donde elegir en lugar de no tener opciones.

Tener un exceso de demanda es la puerta de entrada para disfrutar del negocio. Ponte en esa situación y surfea la ola.

Quiero escuchar tu historia. Quiero saber qué has hecho con este material. Me encantaría ver tus resultados, echarles un vistazo a tus campañas y conocer al equipo que las lleva a cabo. Quiero que me cuentes cómo vives de forma diferente después de haber logrado un exceso de demanda.

Por encima de todo, te reto a que hagas algo grande de verdad con tu negocio y contigo mismo. No lo hagas solo por dinero; hazlo por una razón más profunda, para marcar la diferencia y contribuir.

Durante la Revolución Industrial, un empresario resolvía problemas relacionados con el consumo. La gente tenía muchas necesidades insatisfechas de alimentación, vivienda, ropa, finanzas, transporte y comunicaciones; por ello, los que satisfacían esas necesidades amasaban grandes riquezas. En aquella época, los empresarios que conseguían que la gente consumiera se veían recompensados con una vida con la que pocos podían soñar y con una riqueza desmesurada.

Vivimos en un mundo en el que la mayoría de los occidentales tienen *demasiadas cosas.* Tenemos tanta comida, ropa, vivienda, transporte, comunicaciones y finanzas que estamos saturados. La única necesidad insatisfecha que parece tener la gente hoy en día es la de almacenar más cosas. Y estas posesiones ya ni siquiera nos hacen felices; de hecho, muchas personas fantasean con vidas más ligeras. Conozco a millonarios que son muy felices viviendo solo con dos maletas.

Creo que, en el futuro, los empresarios de más éxito resolverán problemas de contribución y crearán formas para que la gente ayude más a los demás. En gran parte del mundo occidental, la gente no pide a gritos más cosas, sino más sentimiento. Quieren hacer cosas importantes más que poseer artilugios sin sentido.

Mi negocio despegó cuando nos centramos en ayudar a las personas a desarrollar y alcanzar una misión personal más profunda. Lo hemos construido sobre el desarrollo de emprendedores que destacan, crecen y tienen un impacto en el mundo por lo que crean en vez de por lo que consumen.

Estoy convencido de que los empresarios que sepan desentrañar el valor de la contribución se verán muy recompensados, tanto ahora como en el futuro. Son las personas que tendrán influencia, viajarán, vivirán aventuras y gozarán de una riqueza sin medida. Serán los que miren atrás en su vida con una sonrisa en la cara y no con el dolor del arrepentimiento.

Redefine lo que significa para ti el espíritu empresarial. En lugar de centrarte en crear cosas nuevas para que la gente las compre, céntrate en crear cosas nuevas en las que la gente se implique y contribuya. Utiliza lo que has aprendido en este libro para aprovechar al máximo tu tiempo aquí en la Tierra.

Solo damos unas pocas vueltas alrededor del Sol. Por término medio, darás unas ochenta; quizá, si tienes suerte, llegues a las cien. A algunas personas les toca mucho menos. En realidad, no sabemos con seguridad a cuántas llegaremos. Mucha gente se preocupa por dejar huella durante ese tiempo o por su legado.

Pero lo cierto es que nadie llega a conocer su legado. Nadie puede planificarlo, orquestarlo o afirmar que el suyo es mejor o más impactante que el de los demás.

Vincent van Gogh se fue a la tumba creyendo que no era más que un loco y un artista fracasado. Nunca sabrá que su galería de Ámsterdam es una de las más visitadas del mundo ni que su arte se expone en la Galería Nacional de Londres junto a Da Vinci.

El doctor Erasmus Darwin fue un gran inventor, médico y humanitario. Nunca habría creído que sus mayores logros no eran los suyos propios y nunca supo que su nieto Charles avanzaría sus teorías básicas sobre la idea de la evolución y escribiría un libro que cambiaría la forma en que nos vemos como especie.

La madre y el padre de la científica Marie Curie hicieron enormes sacrificios para que su hija pudiera ir a la universidad. Nunca imaginaron que ganaría dos Premios Nobel por sus trabajos en física y química y que influiría en miles de millones de vidas. Si les preguntáramos si tanto trabajo y sacrificio merecieron la pena, es posible que tuvieran dudas.

Pero, sea cual sea su legado, cada persona desempeña un papel importante en este planeta. Debemos considerar cualquier éxito en un contexto más amplio y no de forma aislada. Si la humanidad es un rico tapiz, algunas personas se exhiben y son una característica destacada de él. Sin embargo, su propia existencia depende de todos los demás hilos que forman la obra maestra.

Hay personas en mi vida que han influido mucho en mí y que no tienen ni idea de ello. También sé que muchas de ellas no son conocidas ni famosas, y algunas ni siquiera saben quién soy, pero sus libros o sus charlas me influyeron. Espero que mi trabajo también logre un impacto positivo del que no soy ni siquiera consciente.

A veces, ser un buen amigo, enviar una carta amable, mostrar compasión a un desconocido o compartir un momento auténtico puede desencadenar una cadena de acontecimientos que afectan al mundo. A veces encuentras algo que te conmueve tanto que quieres crear un gran cambio en el mundo y quieres estructurar tus acciones para maximizar el impacto.

Campaña por el cambio

Cada vez que el mundo cambia es gracias a una campaña: el movimiento por los derechos humanos fue una campaña por el cambio, la abolición de la esclavitud fue una campaña por el cambio y el movimiento sufragista también fue una campaña por el cambio. Muchos de los derechos y privilegios que ahora damos por sentados empezaron como campañas por el cambio.

Estas campañas requirieron planificación. Los activistas empezaron poco a poco; animaron a la gente con una idea y recogieron señales de que había personas que apoyaban los movimientos. Después llegó un punto de inflexión en cada campaña, cuando suficientes personas creyeron en la causa y esta se convirtió en un movimiento. Al principio poco a poco, y luego de golpe, las cosas cambiaron. Algunas personas cambiaron en poco tiempo y otras necesitaron que las convencieran. Y, cuando se produjo la transformación, hubo celebraciones e historias, algunas de las cuales todavía celebramos hoy en día.

Hacer una campaña no es solo vender cosas o conseguir que la gente haga cola en un restaurante. Puedes utilizar las mismas herramientas para mover el mundo en la dirección correcta. A pesar de siglos de progreso, aún no estamos fuera de peligro. En todo caso, necesitamos coordinar a la gente más que nunca.

Tenemos que hacer campaña en favor del agua potable para todos, y también por el medioambiente. Tenemos que hacer más para detener la proliferación de plásticos en los océanos y tenemos que acabar con la pobreza y garantizar que todos los niños reciban educación. El verdadero trabajo para las próximas décadas es mucho más significativo y gratificante que el de vender más productos.

Mi esperanza es que te sientas inspirado para utilizar tu talento empresarial para algo más que unas cuentas saneadas. Quiero que utilices tu negocio como una fuerza del bien en el mundo y que lo utilices para impulsar una campaña que tenga un impacto positivo. Quizá, cada vez que contrates a un nuevo cliente, puedes enviarle un uniforme escolar a un niño que lo necesita. Tal vez, cada vez que vendas un producto, puedas vincularlo a una recaudación de fondos que contribuya a la limpieza de los parques de tu comunidad. Puedes llevar a tu equipo a celebrar sus victorias haciendo voluntariado en un albergue para personas sin hogar o que dones algunos de los servicios de tu empresa a una organización benéfica a la que le vendría bien la ayuda.

Hay mil maneras de utilizar tu empresa para hacer el bien, y mil maneras de que rinda dividendos más allá de tus expectativas más descabelladas. Sé por experiencia que las empresas que piensan así tienen más éxito. Este enfoque saca lo mejor de la gente, de los clientes y de la comunidad. Si millones de empresas dejan huella en el universo, quizá podamos crear un planeta sostenible que funcione para todos.

Te reto a que dejes este libro y aproveches al máximo tus pocas vueltas alrededor del Sol.

En mi opinión, el exceso de demanda no es un ejercicio de *marketing,* sino de darlo todo para llegar al mayor número de personas y crear algo especial.

No quiero que uses el exceso de demanda para ganar un poco de dinero extra o tener algo más de tiempo libre. Mi objetivo es que utilices las ideas de este libro para marcar la diferencia en tu vida y en la de los demás.

Cuando escribo, me imagino que dejas este libro a un lado y te lanzas a crear algo asombroso. Imagino que algunos de estos capítulos te llevan a crear tu mejor trabajo.

Nuestras vidas son apenas un segundo en el gran esquema de las cosas. Sin embargo, en ese tiempo, se nos brinda la oportunidad de hacer lo mejor que podamos con lo que tenemos y confiar en que algo bueno saldrá de todo ello. En cualquier caso, si te dedicas a crear algo de valor, apenas podrás imaginar la forma en que influyes en el mundo por el mero hecho de estar aquí durante esas pocas vueltas alrededor del Sol.

¿Es una tontería pensar en ideas tan elevadas? No tiene sentido si no empezamos algo. La forma de empezar es una campaña que impulse algo más que solo tu empresa.

UNA ÚLTIMA COSA: EL CAPÍTULO CON EL TUVE QUE BATALLAR

Hay un capítulo de este libro que casi no aparece. No porque no fuera lo bastante bueno, sino porque recelaba de compartirlo tan abiertamente. Es una idea que me ha hecho ganar mucho dinero y me ha ahorrado mucho tiempo; antes de conocerla, perdía una fortuna en tiempo, esfuerzo e ingresos. La mayoría de la gente no la conoce, y soy consciente de cómo pasan apuros por ello.

Estuve a punto de no incluir este capítulo. Acostumbro a ser muy abierto cuando se trata de compartir ideas; sin embargo, sé lo mucho y lo duro que he trabajado para ello, y no me gustaría que se devaluara.

Como con cualquier idea, solo puedes liberar su valor a través de la implementación. Quizá hayas reconocido su poder, pero, si no haces algo con ella, será inútil para ti, y yo la habría compartido para nada.

Espero que sepas de qué capítulo hablo y que ya estés actuando en consecuencia. Sin embargo, por desgracia, es posible que te lo hayas perdido. Quizá lo hayas pasado por alto y ni siquiera te hayas dado cuenta de la joya que es. Eso también sería lamentable para ambos.

No diré con qué capítulo tuve que batallar. Dejaré que lo descubras por ti mismo y que me lo hagas saber cuando estés seguro (tuitéame tus pensamientos: @danielpriestley, o comparte tus ideas en el grupo de Facebook Oversubscribed: www.facebook.com/groups/oversubscribed).

Si relees el libro, quizá lo descubras. Es posible que de repente te levantes y pienses: «¡Esa idea sí que sería transformadora para mi negocio!».

Mi reto para ti es que, cuando sepas cuál es, hagas algo con él. No dejes que se te escape, no lo entierres en tus pensamientos; ve y actúa de inmediato.

Si, efectivamente, has encontrado el capítulo, te habrás ahorrado una fortuna en ensayo y error. Estarás en camino de ganar más dinero, divertirte más y tener más control sobre tu negocio y tu futuro.

Espero que lo encuentres y lo pongas en práctica.

AGRADECIMIENTOS

Soy un hombre afortunado: tengo un exceso de maravillosos mentores, apoyos, inversores, socios, amigos y familiares.

Me gustaría darle las gracias en especial a mi socio y mejor amigo, Glen Carlson, y a nuestro excepcional equipo de Dent Global. La mayoría de las historias del libro solo son posibles gracias a su dedicación y brillantez.

Un reconocimiento especial al dinámico equipo global de líderes e inversores de Dent Global: Donna Antoinette, Richard Burch, Andy Banjanin, Tom Banjanin, Mike y Alma Clarke, Oona Collins, Krizia Cureg, Sam Elam, Joe Gregory, Jeremy Harbour, Steven Harbour, Lucy McCarraher, Steven Oddy, Justine Priestley, Mike Reid y Keiron Sparrowhawk.

También me gustaría darle las gracias a toda la comunidad de Dent en todo el mundo por proporcionar una dosis continua de inspiración y energía que parece ser más fuerte cada día. Me gustaría darles las gracias a mis clientes privados por confiar en mí para ayudarlos a surfear las olas y llevar sus negocios hacia nuevos lugares; obtengo mis mejores conocimientos al trabajar de cerca con negocios dinámicos y de rápido crecimiento.

Gracias a mis padres por su continuo apoyo, y en especial a mi padre, Andrew, por darles vida a mis libros con increíbles dibujos.

Un agradecimiento muy especial a mi compañera perfecta de vida y creatividad, Aléna; nuestra familia es mi inspiración más profunda.

ÍNDICE ONOMÁSTICO

Esperamos que haya disfrutado
de *Superventas,* de Daniel Priestley,
y le invitamos a visitarnos
en www.kitsunebooks.org,
donde encontrará más información
sobre nuestras publicaciones.

Recuerde que también puede seguir
a Kitsune Books en redes sociales
o suscribirse a nuestra newsletter.